PEPPE DI NAPOLI

# Cucina d'aMare

Fotografie:
Lorenzo De Simone, Shutterstock.com

Realizzazione editoriale:
Lidia Rossi, Alessandra Valenti
Progetto grafico e impaginazione:
Romina Grasselli

Isbn: 978-77-309-0440-8
Prima edizione: ottobre 2024

# PEPPE DI NAPOLI

# Cucina d'aMare

DAL PESCIVENDOLO
PIÙ POPOLARE D'ITALIA,
**TUTTE LE REGOLE**
PER SCEGLIERE E
CUCINARE IL PESCE

# Sommario



*A sinistra: veduta dall'alto di Spaccanapoli*

A mia moglie Brunella
e ai miei figli Aurora e Alessandro

# Introduzione

Nella vita ho avuto due grandi fortune: una famiglia solida e sana, che ha trasmesso a me, ai miei fratelli e alle mie sorelle valori importanti come il lavoro e l'onestà, e una moglie meravigliosa, che aveva i miei stessi obiettivi e che mi è stata vicina "nella buona e nella cattiva sorte" come si dice nella formula del matrimonio. E oggi insieme a lei quella sorte l'abbiamo girata a nostro favore, per noi e per i nostri figli.

Ma non è così per tutti quelli che come me si sono "fatti da soli". Per questo voglio raccontarvi la mia storia, per far capire ai ragazzi di oggi, che vivono nel sogno del successo facile e mettono i like su Instagram e TikTok, che la fortuna non arriva dal cielo ma si costruisce giorno dopo giorno, con fatica, passione e costanza, e con la volontà di restare sempre sulla strada giusta.

*Il piccolo Peppe a 7 anni*

*Nelle pagine precedenti: veduta del Golfo di Napoli*

**Sei fratelli al rione Traiano**

Sono nato a Napoli, il 1° marzo del 1973, terzo di sei figli: Nunzia e Gennaro, più grandi di me, Salvatore, Titta e Loredana, più piccoli. Della mia infanzia ricordo soprattutto che papà ha sempre lavorato e che mamma lo accompagnava ogni giorno al mercato del pesce, lasciando noi bambini a crescerci l'un l'altro e soprattutto a controllare che nessuno facesse

cose sbagliate. Non ci è mai mancato nulla di essenziale, ma non ricordo effusioni o manifestazioni di affetto. Soprattutto mio padre era un uomo abituato a comandare e poco incline alle smancerie. Faticava oltre ogni limite per mantenere i suoi sei figli, ma non è mai andato oltre i bisogni pratici. Il resto per lui era superfluo. Ho pochissimi ricordi di cose fatte tutti insieme, vacanze o gite al mare erano un miraggio. A casa nostra gli adulti lavoravano e i figli rigavano dritto e facevano la propria parte.

Abitavamo al rione Traiano, nel quartiere Soccavo, limitrofo a Fuorigrotta. L'unica raccomandazione che ho ancora stampata in mente è quella "Stateve accorte" che mio padre ci diceva ogni giorno prima di andare al mercato, e che racchiudeva in sé tutte le raccomandazioni del mondo. Non serviva altro, ci eravamo capiti! Non è facile stare alla larga dai guai quando si arriva dalla strada, soprattutto da quella della periferia di Napoli. Perdersi è un attimo, ritrovarsi una scommessa che non sempre si vince.

Noi maschi potevamo giocare in cortile, al "carruocciolo", un carretto di legno che costruivamo noi stessi usando vecchie assi e cuscinetti a sfera. Le femmine dovevano stare "su in casa" perché la strada non era posto per loro. Nunzia era la sorella maggiore e a lei toccava il compito di farci da madre: cucinava, ci lavava, ci accudiva e controllava che non ci rompessimo l'osso del collo.

A Nunzia ancora mi lega un affetto speciale, che supera l'amore che ho per gli altri miei fratelli, perché lei è stata veramente una seconda mamma, affettuosa e accudente.

L'infanzia è durata poco perché a 10 anni già lavoravo con mio padre al mercato del pesce. Di quel periodo da bambino ricordo i film we-

*Peppe a cavallo all'eta di 9 anni a Edenlandia, a Napoli*

*Nella pagina a fianco: uno scorcio di Marechiaro*

*Riproduzione di Peppe nei panni di un pescatore con la barca (un omaggio)*

stern e i cartoni animati che vedevo insieme ai miei fratelli, e soprattutto l'Italia campione del mondo nell'82. Quell'estate indimenticabile di partite condivise, serate passate con gli zii davanti al televisore, e la vittoria festeggiata in giro per il quartiere su un camion a sventolare la bandiera dell'Italia: per la prima volta sono stato orgoglioso del mio Paese.

Quel gruppo di calciatori incredibili, diretti da quell'Enzo Bearzot che tutti avevano criticato fino alle battute finali, mi ha insegnato che nelle difficoltà te la devi cavare da solo perché le persone stanno sempre dalla parte di chi vince e mai da quella di chi perde. Questa regola l'ho messa in pratica più volte nella vita.

Un altro ricordo della mia infanzia erano i giorni in cui si preparavano la salsa e le pacchetelle (i pomodori spaccati in quattro e messi nei barattoli). Era un rito sociale condiviso da tutto il caseggiato: pentoloni che cuocevano, il profumo dei pomodori schiacciati e l'allegria di persone che lavoravano insieme. Riti che oggi vanno scomparendo, ma che erano giorni di festa nella vita di noi bambini. Forse è proprio da quei rituali che ho ereditato l'amore per la cucina e il senso della brigata.

Una famiglia numerosa è divertente, ma ha i suoi limiti: non hai mai nulla che sia veramente tuo. Devi sempre dividere le cose con i fratelli. Io da piccolo sono stato un bambino fragile, a scuola ero uno studente mediocre ma con un talento per il calcolo. Mi piaceva la matematica e mi venivano facili le operazioni aritmetiche. Questa cosa mi è servita quando ho cominciato a lavorare perché riuscivo a dare il resto più velocemente degli altri. Ero piuttosto sveglio, "nu piccirillo scetato" come si dice a Napoli, ma l'italiano non è mai stato il mio forte, perché in casa parlavamo tutti il dialetto.

La scuola per i ragazzi come me, quelli che vivevano in periferia, era un luogo di integrazione, si andava tutti con lo stesso grembiule e col fiocco azzurro (noi maschi), senza riconoscere più i vestiti belli da quelli brutti, le possibilità dalla miseria. Ho sempre pensato che tutti i bambini debbano avere diritto alla felicità, e a un po' di leggerezza, a prescindere dalla famiglia di provenienza. Per me la scuola è stata proprio questo: una finestra aperta sul mondo e sulle sue possibilità.

Della mancanza di affetto ho sofferto parecchio. La mia espansività mi portava a cercare il consenso degli altri, mi piacevano le persone e non condividevo l'idea di una vita sprecata solo a faticare. Oggi sono molto attento a trovare spazi per la famiglia e a trasmettere ai miei due figli, Aurora e Alessandro, tutto l'affetto e l'attenzione che ho desiderato per me. Parlo molto con loro, cerco di capire le loro esigenze, ma anche di trasferire quei valori solidi che a me sono serviti per trovare la strada nella vita.

Fin da bambino avevo la capacità di progettare e immaginare le cose, mi piaceva costruire giochi e più tardi mi sono divertito a costruirmi un futuro, mettendo in fila, uno dopo

Tutto questo grazie
al tuo insegnamento

l'altro, tutti i miei nuovi obiettivi. La pescheria, il ristorante, il mondo dei social, le partecipazioni alle trasmissioni televisive, il food track e poi chissà... sempre con lo sguardo al futuro. Sempre positivo.

**Nel bene e nel male, devo tutto a mio padre**

A mio padre devo dire diecimila volte grazie perché mi ha insegnato l'umiltà, l'onore e il rispetto delle persone. Di tutte le persone. Mio padre non faceva differenza tra "tanto tieni, tanto vali" e "niente tieni, niente vali". Per lui erano tutti uguali, chi teneva un euro e chi mille. Questo insegnamento è diventato anche il mio mantra. Per me i clienti sono tutti uguali.

A 13 anni ero già il suo vice e con lui dirigevo il nostro banco del pesce al mercato rionale, con 13 dipendenti, tutti più grandi di me. Lavorare mi piaceva, ma scalpitavo per proporre ai clienti cose nuove: se le acciughe si vendevano intere un tanto al chilo, pulite e diliscate si potevano vendere cinque volte più care, e così via. Ogni giorno proponevo a mio padre formule per rinnovare il servizio, ma lui non voleva saperne. Era un uomo ancorato al passato, dal carretto era arrivato al mercato, e gli bastava quello. Io volevo conquistare il mondo.

Cominciammo a scontrarci: io proponevo innovazione, lui rifiutava ogni cosa. Un giorno gli dissi: «Io e te siamo uguali, ma io adesso ho una marcia in più. Non possiamo più lavorare insieme». Per lui fu un colpo durissimo, non poteva concepire che l'allievo superasse il maestro. Mi disse una cosa che negli anni non ho mai dimenticato: «Tu senz'e me nun fai niente». Così me ne andai, forse anche per orgoglio, per dimostrargli che non era vero.

Ci sono state volte, dopo quel giorno, in cui avrei voluto tornare sui miei passi, tornare a lavorare con papà e con i miei fratelli e sorelle. Occasioni in cui le difficoltà mi scoraggiavano, ma quella frase

*Peppe nella sua prima pescheria a Pianura, all'età di 19 anni*

*Nella pagina a fianco: cartonato che raffigura il padre di Peppe*

mi rimbombava nella mente: «Senza di me non fai niente». E così non tornavo, per dimostrargli che aveva torto, e che io senza di lui avrei fatto, eccome. Avrei fatto fortuna.

**Gli occhi puntati sul futuro**

In realtà, proprio grazie a quella frase sono diventato quello che sono oggi: cominciai vendendo cozze sul vialone Traiano. Le compravo al mattino al mercato e le rivendevo la sera. Se con mio padre guadagnavo 100.000 lire a settimana, con l'affare delle cozze ne guadagnavo 200.000 a sera. Arrivai a guadagnare fino a 1.200.000 lire a settimana. Avevo testa e buoni principi, mio padre mi aveva insegnato un detto napoletano che ho sempre seguito: «Stipate i soldi pe quanne te viene a sete», e così facevo. Non spendevo molto, mettevo tutto da parte per nuovi investimenti.

A 17 anni, con i soldi risparmiati, ho comprato la mia prima pescheria, intestandola a mio cugino perché io ero ancora minorenne. A 18 anni ho conosciuto mia moglie, e lei mi ha cambiato la vita. È stata la cosa più bella che mi è capitata. Io ero già maturo ma lei mi ha fatto diventare un uomo, mi ha definito come individuo. Era una ragazza con valori solidi e principi sani. Insieme abbiamo modellato il nostro avvenire, con fatica, impegno, grande entusiamo e un po' di fortuna, che non guasta mai. Siamo cresciuti insieme scegliendo la strada da tracciare per la nostra famiglia. Lavoriamo fianco a fianco da 32 anni senza mai un ripensamento, e io la amo come il primo giorno, perché lei è la parte migliore di me.

Siamo sempre rimasti nel rione Traiano, di cui nessuno parlava se non male, come di tutte le periferie, che sembrano buone solo per nutrire la cronaca. Invece io volevo offrire la mia merce alla gente come me, e loro mi hanno capito e ripagato con il successo. Ora la notorietà della mia pescheria e del ristorante hanno portato al rione un nuovo interesse. Vengono persone dalle regioni vicine per la curiosità di conoscere Peppe o di vedere il negozio. Passano persino gli stranieri che ho conosciuto attraverso i social. Finalmente a Traiano si parla di lavoro e di successo.

*A sinistra: Peppe il giorno del matrimonio con l'amata moglie Brunella*

*A destra: Peppe all'inaugurazione del ristorante nel 2012*

Certo, i social mi hanno dato una nuova vita e una nuova fortuna. Non dico che il mio successo sia arrivato dalla rete, la mia fortuna l'avevo fatta prima, grazie al talento e alla determinazione, però i social sono stati un moltiplicatore di successo!

Sono i miei figli a gestire tutto: Alessandro segue TikTok e Aurora Facebook. Loro sono i miei guru, io metto la mia faccia e la spontaneità, che non è poco, ma il successo arriva dal lavoro di squadra.

Io ho ancora bisogno del contatto vero con le persone, mi piace chiacchierare con i clienti in pescheria e sentire i commenti di chi viene nel mio ristorante. Mi nutro del rapporto con la gente, alla quale rendo sempre il mio carattere di unicità e spontaneità. Come mi vedete, così sono. Senza trucchi o finzioni. Credo sia questa la formula vincente, anche con i social media.

La pandemia per me è stata un'occasione, sotto molti punti di vista. Prima di tutto perché mi ha regalato ore di sonno perse e tempo da passare in famiglia. Poi perché mi

Peppe di Napoli
GOLD

ha spinto a scrivere il mio primo libro, e a riprogettare ancora una volta il futuro. Così, alla ripresa delle attività, ho aperto un franchising a Torino e uno in Lussemburgo. Poi ho spostato la pescheria e allargato il ristorate, che oggi arriva a 120 coperti con una brigata di 17 persone in cucina e in sala. La nuova pescheria è la più grande d'Europa, 900 metri quadrati! Anche lì ci sono 17 persone al lavoro ogni giorno, i miei 34 ragazzi d'oro, che sono una famiglia allargata.

Ora partirà anche il mio nuovo progetto: il food track, che porterà in giro per l'Italia i panini all'astice. Girerò le piazze per vendere questo meraviglioso street food.

Parallelamente a tutto questo lavoro è arrivata la televisione, con partecipazioni a show cooking e programmi come *Do you like Pesce?* e *Cucina d'aMare*. Infine la partecipazione all'*Isola dei Famosi*, nel 2024.

*Veduta dall'alto della pescheria Di Napoli*

*A sinistra, in alto: Peppe in cucina, intento nella preparazione di un piatto; In basso: Peppe nella sala del suo ristorante*

Crostacei
LORIDA

## Una vita impastata di sonno

*Peppe in pescheria con un grosso esemplare di pesce spada*

Anche oggi, malgrado la notorietà, non dimentico le mie radici e la voglia di continuare. Ho una vita che funziona al contrario rispetto a quella delle altre persone: quando tutti dormono io lavoro, poi cerco di riposare qualche ora durante il giorno. La sveglia per me suona sempre all'1.30: mi alzo, mi vesto, prendo un caffè, infilo il berretto di lana – che porto da ottobre a febbraio inoltrato – e parto col furgone verso il mercato del pesce. Dal martedì alla domenica le mete sono segnate: Pozzuoli, Volla, Mugnano e Formia, è lì che si compra il pesce migliore.

Ho cominciato così con mio padre e non ho mai smesso. Percorro strade deserte popolate solo da netturbini, edicolanti e fornai per arrivare a comprare il pesce dai grossisti. Mi basta un'occhiata per indovinare qualità, provenienza e freschezza della merce: pesci d'alto mare o d'allevamento, molluschi, crostacei, conchiglie di ogni genere e varietà.

Dico spesso che mi hanno "rubato il sonno e l'infanzia" perché dormo poco e ho cominciato questo mestiere quando gli altri bambini pensavano ancora a giocare. Per fortuna è andata bene e oggi posso guardarmi indietro con un certo orgoglio, ma una punta di rammarico per quello che ho perso mi è rimasta.

Al mercato ogni giorno incrocio le stesse facce, alcuni li ho visti crescere insieme a me, altri li ho visti invecchiare e passare la mano. Siamo tutti uniti dalla stessa fatica e dall'unica passione che ci spinge a fare questo lavoro così stancante da lasciarci in perenne debito di sonno e con l'umidità fino alle ossa. Siamo stregati dal mare e da quei colori sgargianti che spiccano ogni giorno sui banchi del mercato. Le aragoste vive, il pesce azzurro brillante, i cocci che sembrano uccelli tropicali, lo spada che troneggia. Uomini e pesci, pesci e uomini. Le donne al mercato sono poche anche oggi, meglio stare in negozio, dietro la cassa o a servire i clienti.

Prima delle 7.00 sono in pescheria per preparare il banco e ci rimango fin oltre le 14.00, poi un breve riposo prima di passare al ristorante, dove mi divido tra cucina e sala. In cu-

*Peppe nel nuovo food track per i panini all'astice*

*A destra: riproduzione di Peppe che pronuncia la mitica frase: "a' cascat"*

cina organizzo la linea e preparo i sughi per i primi piatti, i più delicati. La linea serve per la realizzazione delle ricette, così che poi si possa procedere spediti. Voglio sempre supervisionare tutto, è una mia mania. Più tardi, verso le dieci di sera, quando le persone ai tavoli hanno finito di consumare i primi piatti, esco in sala e comincio a salutare tutti, a stringere mani e fare selfie. Ne faccio più di trecento a sera, ma non mi stanco mai. Mi piace stare in mezzo alla gente e ascoltare i loro commenti. Non parlo inglese ma mi faccio capire anche dagli stranieri, a gesti e occhiate!

Vengo dal popolo e resto una persona semplice del popolo. Negli anni ho continuato a girarmi indietro per ricordare le mie origini, con umiltà e fierezza. Posso vivere con un euro, dieci euro, cento, mille o un milione di euro. Io so vivere in qualsiasi modo, e insegno la stessa cosa ai miei figli. È questa la ricetta della mia vita: orgoglio, coraggio e tante persone intorno, di cui fidarsi e con cui condividere la strada.

Roberto Olivieri

# I consigli di Peppe per acquistare il pesce

Prima di tutto, cercate un pescivendolo di fiducia e affidatevi a lui, prestando attenzione più alla qualità che al risparmio. Quando il pesce ha un prezzo troppo basso, probabilmente, ha già qualche giorno, o non è della migliore qualità. Meglio mangiarne meno, ma buono!

Se volete risparmiare, comprate il pesce azzurro, che viene dal nostro mare ed è quello che ha il miglior rapporto qualità prezzo. È ottimo anche per chi segue una dieta, imparate a sceglierlo e cucinatelo in modo semplice.

Provate varietà diverse dal solito, fatevele pulire e sfilettare dal vostro pescivendolo, se siete pigri, ma non ricadete sui semilavorati, che spesso nascondono insidie.

Quando acquistate un pesce, assicuratevi che la carne si presenti molto soda, senza avvallamenti. L'occhio deve essere limpido e non affossato, i colori brillanti e cangianti. Quando un pesce perde queste caratteristiche, significa che è stato rovinato durante le fasi di pesca, per esempio con reti a strascico, oppure che è rimasto a lungo sul banco prima della vendita. Cercate sempre di privilegiare il pescato proveniente dai nostri mari, dove c'è maggiore controllo, e scegliete a seconda della stagionalità, rispettando i periodi di riproduzione delle diverse specie.

**Il pesce giusto da dare ai bambini**

Meglio evitare spada e tonno, perché contengono mercurio, e non abusare del salmone, che spesso proviene da allevamenti. Il nostro pesce azzurro è la soluzione ideale, ricco di nutrienti e omega 3. Per ovviare al sapore deciso, potete cu-

*Peppe in pescheria con un esemplare di aragosta*

cinarlo in cotoletta, oppure sbizzarrirvi con delle polpettine. Ai bambini date sempre la parte finale del pesce, quella più vicina alla coda, perché il movimento assicura alle carni una maggiore ossigenazione e quindi un minor ristagno di metalli o elementi tossici.

### Pescato o di allevamento?

La qualità può esserci in entrambi i casi, a patto che si cerchi un prodotto di tracciabilità dichiarata. Un modo infallibile per distinguere i pesci d'allevamento da quelli pescati è quello di guardare la dimensione della coda. In genere, gli esemplari allevati in vasca sviluppano in maniera minore la parte posteriore e la coda. A parità di taglia, un pesce pescato avrà pinne e soprattutto coda di dimensioni maggiori rispetto a quello di allevamento.

Se il pesce è di allevamento, cercate di capire se si tratta di aziende che lavorano nel rispetto della qualità, soprattutto nel caso delle varietà con maggiore richiesta, come i branzini, i salmoni e le orate, che spesso finiscono per vivere in poco spazio.

### La conservazione del pesce

Ecco un altro aspetto importante: quando lo acquistate fate attenzione che chi lo vende l'abbia mantenuto con del ghiaccio sottostante e uno strato protettivo tra ghiaccio e pesce, per conservare la freschezza e la callosità delle carni. In frigorifero, il pesce non va conservato più di un giorno. Verificate sempre provenienza e tracciabilità, e siate pronti a cambiare menu se il vostro pescivendolo sconsiglia l'acquisto di qualche varietà.

### La consumazione a crudo in tartare e carpacci

È uno dei modi più sani e genuini di consumare il pesce fresco, che io amo e consiglio molto. Fate però attenzione a come lo preparate. Il pesce va pulito, sfilettato e poi abbattuto per eliminare il pericolo di trasmissione di infezioni come l'Anisakidosi, che provoca reazioni gastrointestinali o allergiche, oppure batteri e tossine come la Listeria, la temibile Escherichia coli o la Salmonella. Se non potete servirvi di un abbattitore professionale, tenete il pesce nel congelatore di casa per almeno 96 ore, dopo le quali potrete gustarlo in sicurezza e godere del suo sapore.

**Come spurgare i frutti di mare**

Fondamentale per eliminare residui sabbiosi, la spurgatura si esegue tenendo le conchiglie in ammollo in una soluzione di acqua e sale (in un rapporto di 1 litro di acqua per 80 grammi di sale), oppure usando l'acqua di mare. I molluschi in questo modo restano vivi e filtrano acqua pulita. Manteneteli a spurgare almeno tre o quattro ore prima di cucinarli. Per frutti come i fasolari, anche due giorni.

*Nelle pagine seguenti: la pescheria Di Napoli*

Pulizia pesce

Ufficio

# Pesci

## conoscerli, acquistarli, cucinarli

# Acciuga

L'acciuga europea è un pesce della famiglia *Engraulidae*, comprendente oltre 140 specie di pesci d'acqua dolce e salata dell'ordine dei *Clupeiformes*, comunemente note come alici o acciughe. Il nome deriva dal latino volgare e prima ancora dal greco ἀφύη (*aphúē*), ed era usato per indicare un pesce di piccole dimensioni.

**» Dove vive**

Le acciughe sono pesci largamente diffusi nei mari caldi e temperati, nell'oceano Atlantico orientale, nei mari europei e soprattutto nel nostro mar Mediterraneo, dove è presente solo l'acciuga o alice.

Si tratta di piccoli pesci pelagici che possono spingersi anche a grande distanza dalle coste muovendosi in banchi numerosissimi. I banchi si avvicinano alle coste durante il periodo della riproduzione, che avviene tra maggio e giugno.

**» Come riconoscerla**

Erroneamente confusa con la "cugina" sardina, l'acciuga ha un corpo snello e di forma allungata, la testa appuntita che arriva a circa ¼ della lunghezza totale del pesce, grandi occhi nell'estremità anteriore del capo, in posizione avanzata. È di color argento brillante, spesso con il corpo solcato da una doppia banda argentea e nera, e con il dorso sui toni del verde azzurro negli individui vivi, che vira al blu scuro una volta pescati. È munita di scaglie piccole che si distac-

**IL CONSIGLIO DI PEPPE**

**Assicuratevi che abbiano la striscia azzurra sul lato ben definita e che non mostrino una macchia rossa sulle guance, altrimenti vuole dire che hanno già qualche giorno.**

## In cucina

**» Alici fritte:** infarinate intere e fritte, oppure sfilettate e impanate, sono il sapore verace dell'estate. Da gustare caldissime e accompagnate da un calice di vino bianco fresco.

**» Tortino di alici:** un perfetto antipasto di mare. Preparato in stampi monoporzione, con ripieno di pomodorini, prezzemolo e formaggio grattugiato, si cuoce in forno con gratinatura, e si serve come uno scrigno di sapori autentici.

cano facilmente e ha una lunghezza massima che può arrivare a 20 cm, ma solitamente si attesta tra i 15 e i 17 cm.

**» Come viene pescata?**

È una delle specie ittiche più importanti per l'economia della pesca nel mar Mediterraneo e nell'oceano Atlantico, dove viene catturata con diversi metodi: reti a strascico, reti da posta e, soprattutto, con il ciànciolo, una rete di circuizione usata nei fondali bassi per la pesca con le lampare. Nell'area del Mediterraneo, il mar Adriatico risulta il maggior produttore, con l'80% del pescato. I pesci, una volta catturati, devono essere lavorati in un arco temporale che va dalle 3 alle 12 ore successive.

**» Disponibilità sul banco del pesce**

Le acciunghe si trovano fresche e intere, oppure sfilettate o sotto sale. La freschezza si riconosce dall'odore, che deve essere delicato, senza note di ammoniaca. La carne si presenta soda e il manto brillante. L'occhio deve rimanere sporgente, scuro e lucido, senza tracce di arrossamento. Sebbene non siano facili da pulire, è meglio acquistare il prodotto intero e provvedere a pulirlo o farlo pulire dopo l'acquisto, per assicurarsi la massima freschezza delle carni. Il costo contenuto le rende perfette per chi voglia acquistare pesce fresco e nutriente.

**» Proprietà e benefici**

Come tutti i pesci "azzurri", l'acciuga è un concentrato di proprietà nutritive: è ricca di omega 3, proteine, vitamine del gruppo B, fosforo e selenio. Altamente digeribile e poco grassa, è indicata nelle diete.

# Anguilla

L'anguilla italiana appartiene alla specie *Anguilla anguilla* detta "anguilla europea", largamente presente nelle acque del vecchio continente, dal quale si è poi diffusa verso l'Atlantico, in particolare nel mar dei Sargassi. È un pesce osseo della famiglia *Anguillidae Rafinesque*.

**» Dove vive**

La specie è diffusa in acque dolci, salmastre e in quelle marine dell'Atlantico e del mar Mediterraneo. Predilige un ambiente a corrente debole o assente, anche se può arrivare in acque mosse durante la migrazione. I maschi stazionano in acque salmastre, senza risalire i fiumi come invece fanno regolarmente le femmine, che compiono un lungo viaggio per raggiungere il mar dei Sargassi, l'unico posto al mondo nel quale sembra che le anguille depongano le uova, prima di morire.

**» Come riconoscerla**

L'anguilla ha un corpo allungato simile a quello di un serpente e la pelle liscia e ricoperta da un leggero muco, che nasconde le piccole squame. La pigmentazione cutanea è cangiante a seconda della maturazione sessuale dell'individuo e dell'habitat. Le anguille vicine alla maturità sessuale, dopo aver trascorso anni in acqua dolce, ingrassano per affrontare la lunga migrazione che richiederà loro di stare senza nutrimento. Gli esemplari catturati in acque dolci o sal-

## IL CONSIGLIO DI PEPPE

**Fritte o arrostite, sono queste le sue preparazioni. Mai comprarla già morta, le carni ne risentirebbero molto. Per noi napoletani, non esiste Natale senza consumare questo pesce dal sapore particolare.**

## In cucina

**» Anguilla in umido:** è un piatto tipico della tradizione gastronomica napoletana, sempre presente sulla tavola delle feste di Natale, la sera della Vigilia, quando si mangia "di magro", oppure tra le portate del cenone di Capodanno.

mastre presentano una colorazione del dorso bruna o verde, con il ventre giallo, mentre l'anguilla matura presenta una schiena nera e la zona della pancia di colore giallo. Le dimensioni variano in base al sesso: la femmina arriva oltre il metro di lunghezza e tra i 2 e 3 kg di peso, il maschio resta molto più piccolo, attestandosi tra i 200 e i 300 g. Gli esemplari di grandi dimensioni vengono definite capitoni.

**» Come viene pescata?**

Si cattura con reti, nasse e lenze, la più comune delle quali è la "mazzacchera", una lenza senza amo fornita all'estremità di un mazzo di lombrichi. Il metodo più efficace per pescare l'anguilla, largamente usato nelle valli di Comacchio, è quello del lavoriero, una trappola a reti dalla trama sempre più fine che sfrutta il comportamento naturale del pesce che, migrando verso l'aqua salata, rimane intrappolato consentendo una facile pesca. L'anguilla è ormai una specie a rischio di estinzione, per via della pesca intensiva, dell'inquinamento e delle barriere architettoniche (dighe e canali artificiali) che ne impediscono la riproduzione.

**» Disponibilità sul banco del pesce**

Le anguille si vendono rigorosamente vive e devono essere eviscerate e pulite accuratamente per eliminare ogni traccia di interiora e bisogna raschiare la pelle dal muco viscido che le ricopre interamenete. Meglio far eseguire questa operazione da un pescivendolo.

**» Proprietà e benefici**

La sua carne grassa è ricca di vitamine del gruppo A ed E e di grassi polinsaturi essenziali, i famosi omega 3, ma possiede un alto valore energetico, che la rende poco adatta per diete ipocaloriche o dimagranti o per chi ha problemi di colesterolo. Contiene invece un buona quantità di ferro, riboflavina e niacina.

# Cefalo

Il cefalo, anche noto come volpina o muggine (*Mugil cephalus*), è il nome comune di un gruppo di pesci appartenenti all'ordine *Mugiliformes* e alla famiglia *Mugilidae*.

**» Dove vive**

Il suo areale è vastissimo poiché sopporta grandi variazioni di salinità, vive sia in acque marine, sia dolci o salmastre, in zone tropicali e temperate, così come in acque europee o a nord fino al Golfo di Guascogna. La grande adattabilità gli permette di sopravvivere anche in acque inquinate, come le aree portuali, dove vive in banchi, formati soprattutto dagli esemplari più giovani. Predilige fondali bassi e rocciosi, ma non disdegna la sabbia. A causa della grande versatilità, le carni dei cefali possono essere più o meno pregiate, a seconda della zona di provenienza.

**» Come riconoscerlo**

Ha il corpo di forma allungata, grandi squame definite, due pinne dorsali separate e situate a metà del dorso, pinne ventrali poste più indietro delle pettorali. Il colore è grigio tendente all'azzurro nella parte superiore e chiaro sul ventre, con la presenza di striature nere.

La maturità sessuale viene raggiunta tra il 2° e il 3° anno di età, con una lunghezza di circa 30 cm per i maschi e di 35 per le femmine. Il periodo riproduttivo va da febbraio ad aprile e il peso varia notevolmente a seconda della specie.

### IL CONSIGLIO DI PEPPE

**Le qualità migliori sono il Cerina (o Bosega), che si distingue dalla macchia gialla, e il Mazzone. Le altre tipologie sono da evitare perché potrebbe trattarsi di pesci che hanno nuotato nei porti, e quindi hanno assorbito catrame o acque inquinate.**

## In cucina

**» Cefalo al forno:** pulite il pesce eliminando le viscere e farcite la pancia con fette di arancia e limone. A piacere potete adagiare il cefalo su uno strato di patate e pomodorini, conditi con timo e altre erbe aromatiche.

**» Cefalo al cartoccio:** garanzia di leggerezza, gusto e semplicità; la preparazione del cefalo al cartoccio conserva ed esalta tutto il suo sapore.

**» Spaghetti al cefalo con pomodorini:** perfetto se non si dispone di molto tempo e si cerca un primo piatto all'insegna del sapore. Fatevi preparare il pesce dal vostro pescivendolo di fiducia.

**» Come viene pescato?**

La pesca professionale usa reti da posta, nasse o altre trappole. La pesca amatoriale sfrutta invece esche composte da un mix di vermi, pescetti e impasti di pane e formaggio, in varie proporzioni. Il cefalo è uno dei pesci maggiormente pescati e allevati nelle lagune costiere e nelle valli di pesca. Con le sue uova si prepara la bottarga di muggine.

**» Disponibilità sul banco del pesce**

Vista la sua abbondanza nelle acque costiere italiane, il cefalo è un pesce che mantiene un prezzo di vendita piuttosto contenuto, anche nel caso di esemplari di ottima qualità. Viene venduto fresco o surgelato ed è preferibile scegliere le pezzature più piccolei, visto che la carne si fa più grassa mano a mano che l'esemplare aumenta di peso.

**» Proprietà e benefici**

Ricco di proteine e con una buona dose di acidi grassi, si pone tra i pesci sani che offrono i benefici dei grassi insaturi di cui è ricco, sebbene sia presente anche una quota relativa di colesterolo. È catalogato come pesce semigrasso. Il cefalo è ricco di vitamina A, niacina, vitamina B1 e B2. Ha un discreto quantitativo di sali minerali, zinco, magnesio e rame e soprattutto di ferro, tanto da essere consigliato in caso di anemie.

# Cernia

Appartiene alla sottofamiglia delle *Epinephelinae* (della famiglia *Serranidae*) comprendente numerose specie di pesci d'acqua salata, indicati comunemente con il nome di cernia. Si tratta di pesci di ragguardevoli dimensioni, che spesso superano il metro di lunghezza, e che vivono in profondità.

**» Dove vive**

Il suo habitat naturale sono le coste rocciose con acque profonde alcune centinaia di metri, solo occasionalmente si spinge su fondali detritici situati ai margini delle praterie di Posidonia. È comune nel mar Mediterraneo, nell'Atlantico orientale e in tutti i mari italiani, dove vive in modo solitario nascosta tra grotte e anfratti.

**» Come riconoscerla**

Le cernie possiedono uno scheletro osseo, un corpo compatto e una grande bocca; a causa delle grandi dimensioni, non sono veloci nuotatrici e non percorrono lunghe distanze. La varietà presente nei nostri mari è la cernia bruna o marrone, del genere *Epinephelus* e della specie *Marginatus*. Si tratta di un pesce "ermafrodita proteroginico", ovvero che sviluppa prima i gameti femminili, per diventare maschio solo una volta raggiunti i 12 anni di atà. In Sicilia, Calabria e Sardegna si trova anche la cernia bianca, che vive a ridosso della Posidonia. In generale, le cernie sono grandi predatori, si nutrono di mollu-

## IL CONSIGLIO DI PEPPE

**La cernia dopo 10 anni cambia sesso: il maschio diventa femmina e viceversa, poi arriva a vivere fino a oltre 100 anni. Esistono cernie di scoglio, dalla carne più soda e saporita, e cernie che vivono nei bassi fondali, più delicate. Non esagerate con la cottura.**

schi cefalopodi, crostacei e altri pesci e sono predate solo dall'uomo.

**» Come viene pescata?**
A livello professionale, le cernie vengono pescate con le reti, a strascico o da posta, oppure con lenze del tipo palamito di fondale. A livello amatoriale, invece, questo pesce è una preda ambita da catturare con le canne (il bolentino di fondale), oppure con la pesca subacquea con fucile.

**» Disponibilità sul banco del pesce**
Fresca o congelata in filetti, chi la acquista deve fare molta attenzione a non confondere la variatà atlantica, meno pregiata, con quella bruna nostrana, decisamente più saporita e di qualità. Allo stesso modo, soprattutto nella versione in filetti, attenzione alla "falsa cernia": se il prezzo è basso, probabilmente state acquistando del pangasio, un pesce proveniente dal Vietnam, che arriva in italia congelato.

## In cucina

**» Cernia al sale:** è una preparazione perfetta per le cene estive, povera di grassi ma riccha di sapore, soprattutto se condita con un trito di aglio ed erbe odorose. La testa, che occupa quasi il 15% del pesce, è una vera leccornia.

**» Cernia in umido al forno:** con l'aggiunta di pomodorini e capperi, vino bianco ed erbe aromatiche. Un altro modo perfetto per gustarne il sapore e la qualità delle carni.

**» Crudo di cernia:** ottima anche senza cottura, a patto che le sue carni, pregiate ma sode, vengano tagliate sottilissime in carpaccio, oppure in una minuta tartare.

**» Proprietà e benefici**
Ricca di acidi grassi e omega 3, oltre a vitamine e iodio, ha un basso contenuto di lipidi e un ottimo apporto proteico, ad alto valore biologico (contiene tutti gli aminoacidi essenziali). La cernia non presenta fibre ma possiede una discreta quantità di colesterolo. Dal punto di vista nutrizionale, costituisce una buona fonte di potassio.

# Coccio

I *Triglidae*, il nome non deve ingannare, non hanno nulla in comune con le triglie, sono pesci ossei marini comunemente noti come gallinelle, caponi o cocci, che appartengono all'ordine *Scorpaeniformes*.

**» Dove vive**
Il coccio, come gli altri esemplari della sua famiglia, vive in tutti gli oceani e nel nostro mar Mediterraneo, dove si trovano otto diverse tipologie di questa famiglia: il coccio, la gallinella, la gavotta, il gorno, il caviglione, il caviglione spinoso, il capone lira e il capone ubriaco. Tutti gli esemplari fanno vita bentonica, muovedosi sui fondali sabbiosi delle acque costiere, oppure in quelle di relativa profondità.

**» Come riconoscerlo**
Hanno testa grande con numerose spine e creste ossee sporgenti. Occhi grandi, bocca che talvolta si allunga a tubo ed è munita di numerosi piccoli denti. L'opercolo branchiale è dotato di una robusta spina rivolta all'indietro. È un pesce provvisto di numerose spine su tutta la superficie, due pinne dorsali, una con raggi spinosi, l'altra con raggi molli. Le pinne pettorali sono ampie e ricordano nella forma le ali di un uccello, spesso vivacemente colorate. Il colore varia a seconda del tipo di pesce e può presentare macchie e strisce scure. La livrea ha tonalità di colore rosso.

**IL CONSIGLIO DI PEPPE**

Quando è locale, del Mediterraneo, aprendo il ventaglio potrete vedere un bordo blu. Se invece compaiono due pallini neri, si tratta di un prodotto che non è pescato nei nostri mari. Fondamentale anche il colore brillante: il coccio di allevamento ha colori più tenui. La morte sua è nel sugo, con i paccheri.

**» Come viene pescato?**

Si catturano con lenze, palamiti, reti da posta e reti a strascico. Le pezzature più grandi, dalle carni ottime, hanno un valore economico superiore, quelle più piccole si usano prevalentemente per la zuppa di pesce, alla quale donano un sapore inconfondibile.

**» Disponibilità sul banco del pesce**

Fresco e pescato, oppure di allevamento, con notevole differenza di prezzo. Il coccio si riproduce nei mesi invernali, quindi meglio acquistarlo in primavera o durante l'estate, per non mettere a repentaglio la riproduzione della specie. Gli esemplari più grossi possono raggiungere i 6 kg di peso e i 70 cm di lunghezza, ma è più comune la vendita di esemplari di 20-30 cm e di pochi etti, che hanno un sapore più delicato. Attenzione alle spine, di cui sono ricchissimi!

## In cucina

**» Paccheri co' cuoccio:** il coccio è un pesce rinomato a Napoli per il suo sapore delicato. L'accostamento con i paccheri, con l'aggiunta di pomodorini freschi, lo rende un classico della cucina di mare partenopea.

**» Gallinella di mare alla mediterranea**: sfilettatta e cotta in padella con odori, passata di pomodoro e capperi, poi cosparsa di prezzemolo tritato e pinoli tostati, oppure erbe aromatiche come origano e basilico.

**» Spaghetti al sugo di gallinella di mare:** filetti saltati con pomodorini, peperoncino, aglio e olio, per ottenere un sugo dal gusto davvero memorabile, col quale mantecare la pasta.

**» Proprietà e benefici**

Pesce magro e ricco di sali minerali, come potassio, calcio, fosforo, magnesio e vitamine A e D, ha pochi grassi e un discreto tenore di proteine. Si presta a tutti i regimi alimentari, anche a quelli dietetici.

# Dentice

Appartiene alla famiglia *Sparidae*, o sparididi, di cui fanno parte anche l'orata, il sarago, il pagello, la pezzogna e il pagro, e al genere *Dentex*. Il nome deriva con molta probabilità dalla presenza di grandi denti.

**» Dove vive**

Il dentice vive a una profondità variabile tra pochi metri e i 90 metri, in prossimità della costa, scegliendo i fondali rocciosi o sabbiosi, che sono ricchi di Posidonia. È un pesce comune nel mar Mediterraneo, ma è presente anche nell'oceano Atlantico orientale, dalle Isole britanniche alla Mauritania, e talvolta sino al Senegal e alle isole Canarie. Da adulto si muove in solitario, mentre gli esemplari giovani tendono a spostarsi in banchi e a sostare su fondali ricchi di alghe, in prossimità degli scogli.

**» Come riconoscerlo**

Oltre alla dentatura, che è la caratteristica distintiva, il dentice ha un corpo di forma piatta e ovale, bocca grande, fronte dritta e un manto leggermente diverso a seconda che lo si guardi in acqua oppure fuori. Nel suo habitat, è di colore azzurro-rosato con note argentate. Fuori dall'acqua, invece, assume una colorazione rosata con toni madreperlacei, cosparso di puntini neri. Attenzione, il dentice non è mai rosso o rosa intenso, come invece sono il pagro o il pagello.

### IL CONSIGLIO DI PEPPE

**Verificate che sia bello lucido e di un rosso vivido. Se il pesce perde il colore, vuol dire che non è più fresco. Attenzione anche all'occhio, dopo qualche giorno sembra avere la cataratta!**

Può raggoiungere una dimensione massima di 1 metro di lunghezza, anche se solitamente si attesta attorno ai 50 cm; il suo peso può arrivare anche a 12-17 kg.

**» Come viene pescato?**

A livello professionale viene pescato sia con le reti, da posta o a strascico, sia con i palamiti. È una preda molto ambita anche nella pesca sportiva, per via della sua carne, magra e saporita, considerata di pregio. La sua riproduzione avviene tra marzo e maggio, in acque a 17 °C.

**» Disponibilità sul banco del pesce**

La maggior parte del dentice disponibile per la commercializzazione sul mercato italiano è originario delle coste atlantiche dell'Africa. Recentemente si sta cercando di allevare questo pesce anche in acquacoltura. All'acquisto, prestate attenzione alle frodi, in quanto viene spesso scambiato con specie di minor pregio, come il pagro o il pagello.

## In cucina

**» Dentice al cartoccio:** dopo aver pulito, eviscerato e asciugato il pesce, mettetelo su carta stagnola, conditelo all'esterno e all'interno con sale e pepe, quindi irroratelo con un'emulsione di olio, limone, prezzemolo, timo e aglio, poi procedete alla cottura in forno.

**» Dentice al forno con patate:** un connubio perfetto! Cominciate tagliando le patate a fette di circa 2 mm e trasferitele in una teglia con olio extravergine d'oliva. Adagiate il dentice, pulito e asciugato, sullo strato di patate, conditelo con sale e pepe e cuocete.

**» Pasta con il dentice:** un primo piatto velocissimo ma di grande sapore, per portare in tavola tutto il sapore del mare.

**» Proprietà e benefici**

Il dentice possiede carni estremamente nutrienti e di pregio e si colloca tra i cibi ricchi di proteine ad alto valore biologico. La sua carne ha un buon contenuto di minerali, vitamina A e B e un ottimo livello di omega 3, ma è priva di grassi.

# Merluzzo

Il merluzzo è un pesce osseo appartenente al genere *Gadus*, famiglia *Gadidae*. La nomenclatura del merluzzo atlantico è *Gadus morhua*, anche noto come merluzzo nordico o bianco. Si tratta di uno dei prodotti di punta della pesca commerciale. Il merluzzo nordico, una volta essiccato, prende il nome di stoccafisso, mentre quello grigio, messo a stagionare sotto sale, diviene baccalà.

**» Dove vive**

Il *Gadus morhua* popola le acque fredde, profonde e aperte dell'Oceano Atlantico settentrionale, dove viene pescato e lavorato in grandi quantità. I Paesi produttori sono la Norvegia, l'Islanda e l'isola di Terranova. I merluzzi vivono in banchi e sono pesci voracissimi, che giungono fino alle coste durante il periodo della riproduzione. La specie è assente nel mar Mediterraneo, dove invece vive il parente più piccolo: il nasello, dalle carni tenere e dal sapore delicato. Il merluzzo artico è oggi una specie a rischio estinzione, con una diminuzione della sua presenza in mare di oltre il 90%.

**» Come riconoscerlo**

Ha un corpo allungato, con la testa grande e affusolata. La mascella superiore è sporgente rispetto a quella inferiore, dove si nota un barbiglio chiaro. La livrea ha una linea laterale evidente che curva verso il basso e un colore che varia dal bruno al verde sul

## IL CONSIGLIO DI PEPPE

**La parte migliore è quella di mezzo, il filetto detto "mussillo". Sceglietelo sempre bello bianco e calloso, perché il giallo indica che è stato sui banchi qualche giorno.**

## In cucina

» **Merluzzo fritto:** con una pastella dorata e croccante, la miglior versione del classico fish and chips.

» **Polpette di merluzzo:** ottime per tutta la famiglia, possono essere arricchite con erbe aromatiche o scorzetta di limone.

» **Merluzzo in umido:** un piatto tradizionale che gioca su accostamenti classici, come quello con le patate o i pomodorini.

dorso, con macchie grigiastre, verdastre o scure. Può raggiungere fino a 2 metri di lunghezza quasi 100 kg di peso.

### » Come viene pescato?

La pesca professionale avviene con reti a strascico, di fondo e pelagiche; occasionalmente vengono usati i palamiti, le reti da posta e le reti da circuizione. La pesca del merluzzo si effettua dopo la deposizione delle uova, quando i maschi adulti si dimostrano affamati e si muovono in folti branchi. Il successo della cattura dipende molto dalla disponibilità di cibo per il banco.

### » Disponibilità sul banco del pesce

Merluzzo, baccalà o stoccafisso sono tutti a portata di mano e vanno scelti in base alla ricetta che si desidera realizzare. Il primo è fresco, il secondo sotto sale e da dissalare in acqua, il terzo è essiccato. Dai nostri mari arriva il nasello, in larga parte acquistato per i bambini, per via della scarsa quantità di spine e per il sapore molto delicato, al contrario del più grande merluzzo atlantico, gusto deciso e ottimo in varie preparazioni.

### » Proprietà e benefici

Fonte preziosa di omega 3, acidi grassi essenziali noti per i benefici sulla salute cardiovascolare e nella riduzione del colesterolo, e di vitamina B12, che contribuisce alla salute del sistema nervoso. Inoltre è ricco di vitamina B6, a supporto del metabolismo energetico. Come per molti altri pesci di notevoli dimensioni, è necessario fare attenzione alla provenienza e non esagerare nelle dosi, a causa della presenza nelle sue carni di mercurio.

# Orata

L'orata, pesce del genere *Sparus*, sottogenere *Sparus aurata*, deve il suo nome alla caratteristica striscia di color oro visibile ai lati del suo corpo. È un pesce osseo che vive in mare e in acque salmastre, appartenente alla famiglia *Sparidae*.

**» Dove vive**

Presente in tutto il bacino del Mediterraneo e nell'Atlantico orientale, dall'estremo sud delle Isole Britanniche fino a Capo Verde, l'orata è comune nelle nostre acque italiane. Vive a ridosso delle coste e la si trova sia su fondali duri, sia su quelli sabbiosi, dove gli esemplari vivono in modo solitario o a piccoli gruppi. Si nutre di invertebrati e si riproduce nel periodo tardo autunnale.

**» Come riconoscerla**

Tozza e poco affusolata, l'orata ha il profilo del capo convesso con la mandibola leggermente più corta della mascella superiore e occhi di modeste dimensioni. Sul capo corre la tipica macchi color oro e in concomitanza delle due branchie è ben visibile una macchia nera. Il corpo è ricoperto da squame di color argento, tendenti al grigio sul dorso e al bianco sul ventre. Le pinne sono dello stesso colore del corpo e possono presentare una tipica bordatura nera. La lunghezza massima dell'orata è di circa 70 cm, ma solitamente si attesta tra i 20 e 50 cm. Il peso può arrivare a 10 kg.

**IL CONSIGLIO DI PEPPE**

**Impossibile acquistare solo il pescato, perché la richiesta supera di gran lunga l'offerta. Va bene l'esemplare di allevamento, purché sia controllato. Meglio un prodotto italiano, come l'orata di Orbetello.**

## In cucina

**» Carpaccio di orata:** le sue carni delicate e tenere si prestano a questa preparazione ottima per aprire un pranzo o una cena importante. Da preferire la versione pescata e non di allevamento.

**» Orata al forno:** leggera, profumata e ricco di gusto, se impreziosita con un bouquet di erbe mediterranee.

**» Orata al cartoccio:** la cottura al cartoccio è una tecnica molto semplice che permette di conservare intatto il sapore originale del pesce, offrendo una cottura uniforme.

### » Come viene pescata?

È uno dei pesci più ambiti nel circuito della pesca sportiva e commerciale su tutte le coste del Mediterraneo, ma è in forte crescita anche l'allevamento in acquacoltura, voce importante dell'economia delle località costiere dell'Europa mediterranea. In Italia si pratica l'allevamento in vasca soprattutto nelle lagune adriatiche e lungo le coste toscane. Trattandosi di un pesce ermafrodita *proterandro*, che nasce dotato solo di gonadi maschili, che vengono invertite in femminili solo una volta raggiunta una certa taglia, è fondamentale attuare una pesca selettiva, trattenendo solo esemplari di peso superiore a 400-500 g.

### » Disponibilità sul banco del pesce

Dal pescivendolo troverete orate pescate e di allevamento. Le prime presentano carni più magre, mentre quelle di allevamento risultano più grasse, a causa della minor possibilità di muoversi e alla maggiore disponibilità di cibo. Essendo un pesce largamente noto e consumato, al momento dell'acquisto è necessario prediligere il pescato o gli allevamenti selettivi.

### » Proprietà e benefici

Consigliata nelle diete ipocaloriche e dimagranti per le sue carni delicate e leggere, l'orata è digeribile grazie alla presenza della vitamina B ed è considerata una buona alleata del sistema cardiovascolare, per via degli acidi grassi omega 3. È un pesce ricco di vitamine e sali minerali.

# Ricciola

La ricciola è un pesce marino della famiglia *Carangidae*, di cui è la specie più grande, potendo raggiungere anche 2 metri di lunghezza. Appartiene al genere Seriola e alla specie *Seriola dumerili*.

**» Dove vive**

La ricciola è un pesce che vive nel mar Mediterraneo, nell'oceano Pacifico, in prossimità dell'India e nell'oceano Atlantico, a una profondità variabile tra 0 e 360 metri, ma solitamente predilige le acque meno profonde, tra 20 e 70 metri. Questo pesce ha colonizzato i mari temperati o poco freddi e si muove in banchi numerosi, soprattutto in presenza di esemplari più giovani.

Il periodo della riproduzione va dalla fine dell'estate fino all'autunno inoltrato.

**» Come riconoscerla**

Il corpo di questo pesce pelagico è di colore argento con toni di azzurro, con una linea longitudinale in color oro. Ha coda forcuta e due pinne dorsali, una corta e un più lunga. L'occhio, anch'esso dai toni dorati, è attraversato da una striscia bruna.

**» Come viene pescata?**

Nella pesca professionale la ricciola viene catturata con reti a circuizione, tramagli da posta o palamito. In quella dilettantistica, la cattura avviene sia con amo, sia con fucile

## IL CONSIGLIO DI PEPPE

**Quelle provenienti dai mercati esteri sono diverse dalle nostrane, perché hanno il muso prominente. La qualità pescata nei mari italiani ha il muso più corto, è dorate e con una linea lungo la parte alta del corpo. Quella straniera è di colore verdognolo e senza doratura. Ottima cruda, ma la morte sua è all'acqua pazza!**

in apnea. La pesca professionale, intensiva, sta mettendo a dura prova la specie, causando una riduzione delle misure dei pesci disponibili. Recentemente si stanno avviando tentativi di allevamento in acquacoltura, ma con scarsi risultati, visto che la ricciola ha necessità di spostarsi per la riproduzione e di consumare molto cibo, condizioni che ne rendono difficile l'allevamento.

## In cucina

**» Carpaccio di ricciola:** con poco succo di limone e non molte spezie, che coprirebbero il suo sapore delicato. Non dimenticate di abbattere la carne prima del consumo a crudo.

**» Sugo per la pasta:** con i paccheri è "la morte sua", ma anche con altri formati di pasta, in abbinamento a pomodorini e con un trito di menta e scorzetta di limone.

**» Ricciola arrosto:** in forno o alla griglia, entrambe le preparazioni conservano intatto il sapore delizioso di questo pesce pregiato. Sempre meno comune sui banchi del mercato.

**» Disponibilità sul banco del pesce**

La ricciola si compra fresca e si riconosce dalla lucentezza della livrea, dall'occhio turgido, dal rossore delle branchie e dalle carni sode. Se volete accertarvi di quest'ultima cosa, provate a toccare la carne con un dito, se non torna in posizione il pesce non è più fresco. Soffre molto il congelamento domestico, mentre si presta ad abbattimento per il consumo a crudo.

**» Proprietà e benefici**

La ricciola ha una carne adatta a ogni tipo di dieta, priva di lattosio e con poco grasso, è un alimento che contiene vitamine del gruppo B e omega 3. L'abbondanza di proteine ad alto valore biologico la rende ideale nelle diete con fabbisogno di amminoacidi essenziali.

# Salmone

Salmone è il nome utilizzato comunemente per indicare numerosi generi e specie appartenenti alla famiglia *Salmonidae*, da cui derivano anche le trote, il coregone e il salmerino. Tutti discendenti da un'unica specie che colonizzava originariamente una vasta area dell'emisfero settentrionale.

**» Dove vive**

I salmoni oggi abitano una zona compresa tra l'oceano Atlantico (dove si trova il genere *Salmo*, quello con la denominazione di "salmone") e l'oceano Pacifico (dove si trova l'*Oncorhynchus*, che comprende specie differenti come "Salmone Rosso", "Salmone Rosa", "Salmone Reale", "Salmone Argentato"). Il salmone atlantico è il pesce più conosciuto e venduto al mondo; un esemplare adulto vive in media 10 anni e raggiunge la lunghezza massima di 1 metro e mezzo, arrivando a pesare anche 20 kg. Trattandosi di una specie migratoria, i salmoni passano gran parte della vita in mare ma compiono migrazioni verso il tratto alto dei fiumi per riprodursi e depositare le uova.

**» Come riconoscerlo**

Ha il corpo snello e allungato e la testa appuntita. La livrea è di colore argento, con il dorso grigio-blu e il ventre bianco. La specie Reale si riconosce dai salmoni del Pacifico per la presenza sul dorso e sulla pinna

**IL CONSIGLIO DI PEPPE**

**Quello selvatico è il migliore al mondo. Arriva in casse di legno e ha un'etichetta attaccata alla guancia che ne garantisce la tracciabilità. Quello di allevamento, invece, è inflazionato e quindi può non essere sano.**

caudale di piccoli puntini neri.
Le sue dimensioni raggiungono anche i 150 cm di lunghezza, con una taglia media compresa tra i 60 e 90 cm.

**» Come viene pescato?**
Nella pesca commerciale si usano reti a strascico e da posta, ma il salmone è anche oggetto di pesca sportiva. I Paesi di provenienza sono principalmente Stati Uniti e Russia, oltre all'Alaska, le cui marinerie hanno ottenuto la certificazione di Sostenibilità e buona gestione degli stock.

**» Disponibilità sul banco del pesce**
Il salmone è una delle varietà di pesce più richiesta, quindi soggetta al fenomeno dell'allevamento intensivo. I migliori sono naturalmente quelli selvaggi, che vengono pescati e trattati direttamente sul peschereccio. Un salmone fresco deve avere odore gradevole, carni compatte e branchie rosate. Gli occhi non devono essere arrossati. Attenzione alle carni: da fresche dovrebbero essere di un bel colore rosato, ma una tonalità intensa potrebbe indicare l'uso di mangimi con coloranti.

**» Proprietà e benefici**
Se di buona qualità, la carne del salmone offre grandi benefici per la salute: è un'ottima fonte di omega 3, oltre a fornire un buon apporto proteico, sali minerali e vitamine, soprattutto del gruppo D. Attenzione alla presenza di grassi.

## In cucina

**» Salmone al forno:** con un contorno di verdure estive, è un secondo leggero e nutriente. I filetti di salmone vengono passati in una panatura aromatizzata con le erbe e cotti in forno con accompagnamento di verdure a julienne.

**» Paccheri al salmone e pomodorini:** un po' meno inflazionati dei soliti tagliolini, ma più gustosi per la presenza dei pomodorini freschi e del prezzemolo, con i quali realizzare un sugo veloce.

# Pesce bandiera

Sciabola, spatola o pesce bandiera sono tutti i nomi di questo pesce d'acqua salata il cui nome scientifico è *Lepidopus caudatus*, appartenente alla famiglia *Trichiuridae*. Il nome deriva, inutile dirlo, dal suo particolare aspetto, che lo rende simile a una sciabola, appunto.

**» Dove vive**

È diffuso nel mar Mediterraneo, soprattutto nell'area occidentale, nella costa atlantica orientale, dall'Islanda al Sudafrica, nell'oceano Indiano e nell'oceano Pacifico. Vive nelle acque costiere e arriva a profondità abissali che variano da -40 a -620 metri, soprattutto in presenza di fondali fangosi.

**» Come riconoscerlo**

Il suo corpo allungato e sottile sui fianchi lo rende simile a un lungo nastro, da cui il suo nome. Il muso è allungato e presenta due mascelle con denti molto aguzzi. Ha una pinna dorsale che parte dalla testa e termina in prossimità dalla pinna caudale, con raggi che sembrano aculei nella parte iniziale e raggi molli e sottili verso la coda.

Ha pinne ventrali piccolissime e una livrea argentata con fasce giallo e oro sui lati e toni più scuri sul dorso. La lunghezza può raggiungere i 200 cm con un un peso massimo di circa 8 kg.

## IL CONSIGLIO DI PEPPE

**Un pesce che bisogna imparare a mangiare di più, perché è saporito e nutriente. Compratelo sfilettato e datelo ai bambini, preparato in cotoletta o con il pomodorino fresco è un cibo meraviglioso.**

**» Come viene pescato?**
Si pesca con reti a strascico durante tutto l'anno, ma soprattutto nella stagione estiva, quando si avvicina a riva. Spesso viene pescato con le lampare usate anche per le acciughe. Sulle coste italiane è presente nel mar Tirreno e nel golfo di Napoli, oltre che nella zona dello stretto di Messina, dove viene pescato con bolentino a 100-200 metri di profondità.

**» Disponibilità sul banco del pesce**
Come tutto il pesce azzurro, anche il pesce bandiera va acquistato e consumato fresco. La sua natura e la presenza di squame lo rendono un pesce delicato, che può facilmente rovinarsi durante la pesca a strascico. Prima di acquistarlo valutate la consistenza delle carni e la vivacità dell'occhio. Attenzione, è un pesce che spesso trasporta parassiti, quindi non va assolutamente consumato crudo, ma con una cottura perfetta.

## In cucina

**» Involtini di sciabola:** i filetti vanno farciti con un ripieno di pangrattato, capperi, pomodori, aromi e un po' di pecorino e poi arrotolati e cotti in padella.

**» Sciabola al forno con panatura di erbe:** soprattutto nella stagione estiva, quando le erbe aromatiche danno il meglio, i filetti cotti in forno con una panatura profumata sono un secondo leggero e gustosissimo.

**» Filetti di sciabola in cotoletta:** a Napoli si dice "la regina del mare". È una preparazione che regala a questo pesce il massimo del sapore.

**» Proprietà e benefici**
È un pesce altamente proteico, ricco di acidi grassi essenziali omega 3, potassio, magnesio, vitamina B12 e vitamina B6. Leggero e digeribile, ha una sola controindicazione: può contenere alti livelli di metilmercurio, quindi meglio non abbondare.

# Scorfano

È il nome comune di varie specie di pesci della famiglia *Scorpaenidae*. Nei nostri mari è possibile avvistare con facilità lo scorfanotto (*Scorpaena notata*), lo scorfano nero o bruno (*Scorpaena porcus*), lo scorfano squamoso (*Scorpaena maderensis*), lo scorfano rosa (*Scorpaena elongata*). Non tutte queste specie sono però interessanti per il commercio. È lo scorfano rosso (*Scorpaena scropha*) il più ricercato per le sue pregiate carni.

**» Dove vive**

Vive sui fondali rocciosi di tutti gli oceani, fino a 1000 metri di profondità, ma è molto comune anche nel mar Mediterraneo. Il suo habitat è molto vario: è possibile trovarlo sia su fondali di sabbia, fango e detriti, sia su fondali duri e rocciosi, ma è un pesce molto sedentario.

È un predatore che si nutre soprattutto di pesci più piccoli, crostacei e molluschi.

**» Come riconoscerlo**

Ha un corpo tozzo e massiccio, provvisto di numerose spine velenose e pieno di bitorzoli, con la testa molto grande, la bocca larga e gli occhi sporgenti che hanno contribuito alla diffusione del detto "brutto come uno scorfano". La colorazione va dal rosso vivo al rosa, dal giallo zolfo al marrone. Lo scorfano rosso ha il manto di colore rosso intenso con macchie brune. Può raggiungere i 60 cm

### IL CONSIGLIO DI PEPPE

**Più è grande, minore è la quantità di spine. Gli esemplari piccoli si usano da zuppa, per il loro sapore. Provatelo anche crudo, è una delizia per pochi.**

di lunghezza, ma in commercio sono più diffusi quelli di taglia più piccola, tra i 20 e i 30 cm.

**» Come viene pescato?**
La pesca professionale dello scorfano si pratica con palangari, reti a strascico e volanti, mentre la pesca a livello amatoriale avviene con lenze e nasse. Non è un pesce da allevamento.

**» Disponibilità sul banco del pesce**
Si trova tutto l'anno, ma, benché non ci siano attualmente restrizioni alla sua pesca, è consigliabile non acquistarlo durante il periodo della riproduzione, che va da maggio ad agosto. Al momento della scelta assicuratevi che abbia l'occhio sporgente e brillante, che l'addome sia sodo, che abbia una livrea lucida e che profumi di mare. Se lo comprate già sfilettato, accertatevi della sua provenienza e della freschezza.

**» Proprietà e benefici**
Ha carni molto magre e saporite, ricche di proteine, vitamine e minerali (in particolare fosforo, iodio e selenio). Ha un ridotto contenuto di colesterolo, mentre è ricco di acidi grassi omega 3. Con solo 83 kcal per 100 g è considerato un alimento ipocalorico.

## In cucina

**» Scorfano all'acqua pazza:** una preparazione classica che si realizza con ingredienti semplici che si trovano in abbondanza nella stagione estiva: pomodorini freschi e basilico, peperoncino, prezzemolo, aglio, vino bianco, brodo di pesce e olio extravergine d'oliva.

**» Zuppa di scorfano:** la sua carne eccellente, soda e saporita è ideale per preparare gustose zuppe di pesce. La pulizia deve però essere accuratissima perché questo pesce è pieno di spine, fuori e dentro!

**» Fumetto di scorfano:** è un pesce così prelibato che gli scarti della sfilettatura si utilizzano abitualmente per preparare profumatissimi fumetti con cui cuocere un risotto o una pasta.

# Sogliola

Con questo nome si indicano varie specie di pesci appartenenti alla famiglia *Soleidi*. Le specie più commercializzate sono la sogliola comune e la sogliola oceanica. È sicuramente il più noto tra i pesci piatti. A livello regionale è conosciuta con nomi dialettali come *lengua secca* in Liguria, *sfogio de sasso* in Veneto, *soglia* in Toscana, *palaia* in Puglia, *liguata* in Sicilia.

**» Dove vive**

Vive nei fondali marini fangosi a oltre 50 metri di profondità. È un animale notturno: di giorno staziona sui fondali dove scava piccole buche per insabbiarsi e mimetizzarsi, di notte esce allo scoperto per alimentarsi. È presente nell'oceano Atlantico, nel Mare del Nord, nel mar Baltico e nel mar Mediterraneo.

**» Come riconoscerla**

Le specie si differenziano tra loro per piccoli particolari, ma tutte sono riconoscibili per la particolare forma ovoidale del corpo, che si presenta piatto, chiaro dal lato che tocca il fondale e scuro nella parte rivolta verso l'acqua. Gli occhi, che alla nascita sono uno da un lato e uno dall'altro, con la crescita si spostano sullo stesso lato. L'opercolo branchiale del lato che appoggia sul fondo è meno sviluppato di quello situato sul lato opposto. La pelle, nella parte dove si trovano gli occhi, a seconda delle specie, può presentare pigmentazioni di vario colore. Può

## IL CONSIGLIO DI PEPPE

Il successo di questo pesce che viene dato ai piccoli è dovuto soprattutto alla sua comodità: si spina facilmente. In scaloppina con limone, burro e aglio è ottima, però ha poche vitamine. Alternatela con del pesce azzurro, come nasello o pesce bandiera.

## In cucina

» **Sogliola alla mugnaia:** una ricetta della cucina francese che è diventata un classico anche in Italia. La sogliola viene cotta intera nel burro dopo essere stata infarinata, poi condita con succo di limone, prezzemolo, sale e pepe.

» **Involtini di sogliola:** sfilettata si presta alla preparazione di gustosi involtini. Un modo giocoso e rapido di presentare in tavola un buon secondo di pesce.

» **Bocconcini di sogliola fritti:** impanati anziché infarinati e fritti in abbondate olio bollente, i bocconcini di sogliola sono un'alternativa al classico merluzzo nella preparazione di uno sfizioso fish and chips.

raggiungere al massimo i 50-60 cm di lunghezza e un peso variabile tra i 300 e i 400 g.

**» Come viene pescata?**

Si pesca principalmente con le sfogliare, reti a strascico costituite da una sacca con una bocca tenuta aperta da una intelaiatura di ferro, nella cui parte inferiore sono montate pesanti catene che penetrano nella sabbia e, trascinate dal peschereccio, smuovono il fondale sollevando le sogliole. Essendo un tipo di pesca piuttosto invasivo per l'ambiente marino, si stanno sperimentando allevamenti in tutta Europa.

**» Disponibilità sul banco del pesce**

È uno dei pesci piatti più apprezzati in cucina per le sue carni tenere e dolci. Si trova tutto l'anno, sia fresco sia congelato, intero o a filetti. Al momento dell'acquisto prestate attenzione alla brillantezza e alla viscosità della pelle, oltre che alla compattezza delle carni e all'odore che non deve essere sgradevole.

**» Proprietà e benefici**

La carne della sogliola è magra e digeribile, oltre che priva di spine, per questo è spesso consigliata nell'alimentazione dei bambini. È un pesce che contiene una buona quantità di proteine e di acidi grassi omega 3, oltre a essere un'ottima fonte di potassio e fosforo.

# Spada

Il pescespada (*Xiphiasgladius*) è un pesce osseo marino, unica specie della famiglia *Xiphiidae* e della specie *Gladius*. Si tratta di un prodotto ittico di grande commercializzazione per via della bontà delle sue carni e della maestosità della sua specie.

**» Dove vive**

Lo spada è diffuso nelle zone tropicali, subtropicali e temperate di tutti gli oceani, e popola il nostro mar Mediterraneo, dove è ormai diventato una specie a rischio. È un pesce pelagico che si avvicina alla costa solo in alcuni momenti. Lo si trova prevalentemente in acque di superficie ma può scendere anche fino a una profondità di 800 metri. Un individuo adulto vive in acque tra i 18 e i 22 °C, mentre gli individui giovani cercano acque più calde. Nel periodo autunnale effettua migrazioni verso sud.

**» Come riconoscerlo**

La sua principale caratteristica è la mascella superiore sviluppata a formare la tipica "spada", lunga circa 1/3 del corpo del pesce e di forma appiattita e tagliente. Ha occhi grandi e un corpo di colore grigio piombo tendente all'argento, con meravigliosi riflessi metallici sui fianchi e ventre tendente al bianco. Si tratta di uno dei più grandi pesci ossei, con una lunghezza massima di oltre 4,5 metri e un peso che può anche superare i 400 kg, ma la sua dimensione media è intorno ai 3 metri.

**IL CONSIGLIO DI PEPPE**

**Attenzione alla sua dimensione. Essendo un pesce che trattiene molto mercurio, più è grande, maggiore è la quantità presente nelle sue carni. Scegliete quello pescato in Sicilia o a Ponza e acquistatelo da giugno a fine agosto. Evitatelo in gennaio e febbraio.**

## In cucina

**» Pasta pesce spada e melanzane:** un incontro perfetto, con l'aggiunta di basilico, menta e pomodorini, per un sugo davvero speciale.

**» Involtini di pesce spada:** piatto tipico messinese, da realizzare con fettine sottili di spada. Farcite al loro interno con pinoli, capperi, formaggio e pangrattato, prima di essere arrotolate e servite su spiedini. Da provare anche nella variante con l'uvetta passa.

**» Pesce spada alla piastra o alla griglia:** un secondo leggero e saporito, perfetto per un pranzo estivo insieme a un'insalata di pomodori. Lascia intatto il sapore inconfondibile di questo pesce.

**» Come viene pescato?**

Si pesca prevalentemente con palamiti derivanti e reti da circuizione. Le zone di pesca sono prevalentemente il Pacifico nordoccidentale, il mar Mediterraneo e il Pacifico centroorientale. In Italia, in particolare, esistono aree con tradizioni forti, come la Calabria e la Sicilia, dove la pesca dello spada si svolge ancora con metodi tradizionali, le spadare, che mettono meno a rischio questa specie. Purtroppo questi metodi sono affiancati dalla pesca intensiva, ben più pericolosa.

**» Disponibilità sul banco del pesce**

Lo spada fresco viene venduto a tranci o porzionato in polpa. La carne deve avere un odore delicato, senza sentore di ammoniaca. La polpa deve essere compatta e di colore rosato, senza ombre di giallo. Essendo un prodotto largamente richiesto dal mercato, è facile imbattersi in contraffazioni, meglio chiedere al pescivendolo di vedere la testa del pesce acquistato, nel caso non sia esposta. La versione congelata o decongelata deve riportare in maniera chiara la tracciabilità della carne.

**» Proprietà e benefici**

Ha un profilo nutrizionale di grande qualità ma non va consumato con troppa frequenza per la presenza nelle sue carni di mercurio. Il pesce spada è ricco di selenio, è un'ottima fonte di vitamina D e possiede un'elevata quantità di acidi grassi omega 3.

# Spigola

Il nome scientifico della spigola più comune è *Dicentrarchus labrax*, si tratta di un pesce marino della famiglia *Moronidae*. Chiamato così prevalentemente nell'Italia meridionale e insulare, nel Nord Italia è più conosciuto anche con il nome di branzino. In commercio si trova anche una varietà chiamata spigola "puntata" (*Dicentrarchus punctatus*), riconoscibile per la presenza di macchiette nere su tutto il corpo.

**» Dove vive**

È presente nelle regioni temperate del mar Mediterraneo, del Mar Nero e dell'oceano Atlantico orientale. Comunemente presente nelle acque costiere, può occasionalmente raggiungere profondità di oltre un centinaio di metri.

**» Come riconoscerla**

Ha il corpo di forma allungata e affusolata, di colore grigio argento, più scuro sul dorso e più chiaro sul ventre. Può arrivare a 1 metro di lunghezza e 12 kg di peso, ma solitamente si pescano esemplari di dimensioni minori. Ha due pinne dorsali; quella più vicina alla testa è formata da raggi spinosi, la seconda, più vicina alla coda, da raggi molli. Il corpo è ricoperto di piccole scaglie che non vanno eliminate se, per esempio, si vuole cucinarla al sale.

## IL CONSIGLIO DI PEPPE

**È un grande predatore che arriva sui banchi del mercato pescato o di allevamento. Preferite il pescato nostrano e verificate sempre la provenienza e la tracciabilità delle qualità di allevamento. Ottima al forno o arrostita.**

**» Come viene pescata?**
La maggior parte delle spigole o branzini in commercio è di allevamento. A livello amatoriale si pesca con lenze a mano e canne da pesca, ma a scopo di commercializzazione quelle pescate in mare aperto si prendono prevalentemente con reti a strascico e reti da posa di fondo.

**» Disponibilità sul banco del pesce**
Si trova tutto l'anno grazie al fatto che in molte parti d'Italia, Turchia e Grecia si pratica l'allevamento intensivo in gabbie (raramente anche estensivo in ambienti lagunari e chiusi). L'odore, l'occhio, la carne e le branchie sono indicatori importanti al momento dell'acquisto: l'odore deve ricordare quello del mare e non presentare sentori di ammoniaca; l'occhio deve essere vivace; la carne elastica al tatto e le branchie devono essere vive e brillanti, senza appiattirsi.

## In cucina

**» Spigola al sale:** è uno dei modi più sani per cucinare questo gustoso pesce. La crosta, che si può aromatizzare con erbe di vario tipo, può essere fatta solo con sale grosso o con sale grosso e fino e albumi montati a neve.

**» Tartare di branzino:** preventivamente abbattuta, la polpa di branzino si presta alla preparazione di meravigliose tartare. La sua carne tenera ma soda è perfetta da servire a crudo condita a piacere.

**» Filetti di spigola in padella:** cotti in un filo di olio, sempre prima dalla parte della pelle, sono perfetti da servire su una vellutata di legumi o su una dadolata di verdure di stagione.

**» Proprietà e benefici**
Si tratta di un pesce magro, indicato per chi segue un regime alimentare ipocalorico. È una carne povera di grassi, ma ricca di proteine, folati e acido folico e consigliata nella dieta delle donne in gravidanza. Inoltre, è un'ottima fonte di omega 3, potassio e fosforo.

# Tonno

Il nome individua diverse specie di predatori pelagici di grossa taglia appartenenti alla famiglia *Scombridae* e del genere *Thunnus*. Le specie comunemente raggruppate sotto questo nome sono: il tonno alalonga o pinna bianca (*Thunnus alalunga*), il tonno pinna gialla (*Thunnus albacares*), il più noto, il tonno pinna nera o tonno atlantico (*Thunnus atlanticus*), il tonno australe (*Thunnus maccoyii*), il tonno obeso (*Thunnus obesus*), il tonno del Pacifico o tonno oceanico (*Thunnus orientalis*), il tonno pinna blu o tonno rosso (*Thunnus thynnus*) e il tonno codalunga (*Thunnus tonggol*). Il sapore della carne cambia a seconda della tipologia: quella del tonno rosso del Mediterraneo è considerata più pregiata di quella del tonno pinna gialla, la cui carne è destinata prevalentemente all'industria conserviera.

**» Dove vive**

Lo si trova in tutti i mari e negli oceani del mondo, dalle acque tropicali a quelle subartiche. L'habitat cambia a seconda della specie: il tonno rosso preferisce le acque fredde dell'oceano Atlantico e del mar Mediterraneo, mentre nelle acque calde dell'oceano Pacifico è più facile imbattersi nel tonno pinna gialla e nel tonno alalunga. Sono tutti predatori voraci, che si alimentano di altri pesci più piccoli e molluschi.

**» Come riconoscerlo**

Ha un corpo ovoidale e allungato. La pinna dorsale e quella anale sono alte

## IL CONSIGLIO DI PEPPE

**Come lo spada, la sua carne può contenere mercurio e piombo. Il pinna gialla e la varietà rossa sono le qualità migliori. Purtroppo, molto di quello pescato in Italia finisce sui mercati asiatici, che lo pagano a miglior prezzo.**

# In cucina

**» Tartare di tonno:** un fresco antipasto da condire a piacimento e servire in una calda serata estiva. Assicuratevi che il pesce sia stato abbattuto preventivamente se volete consumarlo a crudo.

**» Tonno alla siciliana:** una ricetta che si contraddistingue per il mix di profumi mediterranei. Per un secondo di pesce sano e gustoso vi basteranno olive, pomodoro, prezzemolo, cipolla, capperi e, naturalmente, tonno fresco.

e robuste e posizionate nella seconda metà del corpo. Le pinne pettorali sono potenti. La livrea è liscia, priva di scaglie, di colore grigio argento con riflessi blu o neri. Ha dimensioni importanti che vanno da 1 metro circa del pinna gialla fino ai 4,5 metri del pinna blu.

### » Come viene pescato?

Non potendo essere allevato in cattività, il tonno è sempre pescato in mare aperto con palangari e reti da traino. In Italia, soprattutto in Sicilia e in Sardegna, dove la pesca di questo pesce è tradizionale, si utilizzano le famose tonnare, un sistema di reti comunicanti dove i tonni finiscono ingabbiati durante la loro corsa.

### » Disponibilità sul banco del pesce

Si trova tranquillamente tutto l'anno. Essendo un pesce di grossa taglia, sul banco è spesso già proposto in tranci, in questo caso bisogna assicurarsi chela carne sia di un bel colore rosso vivo e ben soda. Più raramente lo si trova intero, in questo caso valutate la livrea che deve essere lucida e non opaca. L'odore è fondamentale per capirne la freschezza: deve profumare di mare.

### » Proprietà e benefici

Il tonno è un pesce ricco di proteine biologicamente interessanti dal punto di vista nutrizionale e di omega 3. È ricco di vitamine e di minerali tra cui spicca il ferro. Bisogna fare attenzione alla quantità di additivi utilizzati per prevenire l'imbrunimento delle sue carni: oltre a ingannare il consumatore sulla freschezza stessa del pesce, possono provocare fastidi gastrointestinali nei soggetti più sensibili.

# Triglia

Pesce d'acqua salata appartenente alla famiglia *Mullidae*, che comprende 6 generi e oltre 80 specie. Si distingue per il colore bruno rossiccio, che può variare parecchio in base alla provenienza e alla tipologia dell'esemplare. Sulle nostre tavole arriva in due varietà: la triglia di scoglio e quella di fango. In ogni caso, i toni vivaci che variano dal rosso al giallo striato la rendono inconfondibile.

**» Dove vive**

Le triglie si trovano nel mar Mediterraneo, nel Tirreno e nell'Atlantico orientale. In Italia si pescano lungo tutti i litorali. Le varietà che vivono nell'Atlantico presentano colori più vivaci e dimensioni più grandi, ma sono meno pregiate. Si tratta di pesci pelagici che rilasciano le uova in galleggiamento. Si riproducono da aprile ad agosto.

**» Come riconoscerla**

In Italia se ne consumano due varietà, che trovano diversi impieghi in cucina e hanno prezzi di vendita diversi: la triglia di scoglio, più pregiata e leggermente più cara, e la triglia di fango o di sabbia, meno pregiata, ma altrettanto buona. La triglia di scoglio ha corpo di forma allungata e una pelle ricca di squame che la rendono adatta per la cottura arrosto o in frittura. È di colore rosso acceso con 3 o 4 striature giallo oro sui fianchi, 2 scaglie sulle guance e 2 bargigli sotto la bocca, usati dal pesce per orientarsi sui fondali rocciosi.

## IL CONSIGLIO DI PEPPE

**Quelle di scoglio sono più saporite di quelle di fango, e hanno un colore più acceso e brillante, che le rende riconoscibili. Verificate la brillantezza del colore, che non deve mai schiarire, altrimenti indica scarsa freschezza.**

Le sue dimensioni restano piuttosto contenute, variando dai 10 ai 20-25 cm. Quelle provenineti dall'Atlantico sono le più grandi. La triglia di fango vive invece sui fondali sabbiosi, è di un rosso meno acceso e non presenta striature. Ha carne più chiara e dal sapore più dolce. La triglia di sabbia è più piccola e più chiara delle sorelle di fango, ed è ottima anche per la frittura.

### » Come viene pescata?

Sebbene sia un pesce che viene pescato tutto l'anno, la sua stagione migliore è tra la fine dell'estate e l'inizio dell'autunno. La triglia viene pescata prevalentemente da professionisti che si servono di reti da posta e da strascico. La triglia da scoglio è anche una preda per la pesca amatoriale.

### » Disponibilità sul banco del pesce

Sui banchi di vendita arriva intera o sfilettata, fresca o congelata. All'acquisto deve presentare colori brillanti, occhio lucido e vivace e una carne dal profumo delicato. Non si conserva a lungo e la congelazione può deteriorare leggermente il sapore.

Avendo una carne piuttosto delicata, la triglia va mangiata freschissima e impiegata per preparazioni a cottura veloce. Va maneggiata con cura durante la pulizia perché le sue carni tendono a sfaldarsi facilmente. Presenta molte lische, quindi deve essere pulita attentamente e per questo viene spesso servita sfilettata.

## In cucina

**» Triglia alla livornese:** un grande classico e per molti la "morte sua". Una preparazione in umido a breve cottura con l'aggiunta di pomodoro.

**» Triglia in frittura:** soprattutto la varietà di fango, è ottima da gustare in frittura, da sola o in compagnia di altri pesci nella tipica frittura di paranza.

### » Proprietà e benefici

Le triglie hanno una carne magra, digeribile e ricca di nutrienti. Hanno un buon contenuto di proteine ad alto valore biologico, acidi grassi essenziali all'organismo e un discreto apporto di sali minerali e vitamine.

Ufficio
Pescheria di Napoli
Pescheria
Di Napoli
Pescheria
Di Napoli

PESCHERIA DI NAPOLI
METODI DI PESCA

# Molluschi

## conoscerli, acquistarli, cucinarli

# Calamaro

Il calamaro, anche noto come calamaro europeo o comune, è un mollusco cefalopode che appartiene alla famiglia *Loliginidae* della specie *Vulgaris*. Il suo nome comune deriva probabilmente dalla parola calamaio, dal greco *kalamos* (calamo), per via della sua forma, simile a quella di un astuccio, ma anche del liquido difensivo, simile all'inchiostro della seppia, che il calamaro usa per difendersi dai predatori.

**» Dove vive**

Il calamaro vive su fondali solitamente rocciosi, sabbiosi o ricoperti di posidonia, a temperature piuttosto basse. Solitamente predilige le profondità degli abissi, ma arriva in superficie durante la stagione riproduttiva, tra l'inverno e la primavera, avvicinandosi al litorale dove risulta più facile da pescare. I calamari si trovano inoltre lungo la acque costiere a partire dal mare del Nord fino al Mar Mediterraneo e lungo la costa occidentale dell'Africa. Si nutre di pesci, crostacei e altri molluschi ed è un grande predatore.

**» Come riconoscerlo**

Presenta un corpo allungato di colore roseo trasparente, con venature che variano dal rosso scuro ai toni del viola. Ha due pinne laterali triangolari che raggiungono l'estremità posteriore della sacca e una conchiglia interna, semitrasparente, denominata gladio o penna. La testa è prov-

### IL CONSIGLIO DI PEPPE

**Oggi sui mercati arrivano calamari di qualità, sia nostrani, sia dai mercati asiatici. Se non trovate quelli nostrani, i migliori sono quelli che arrivano dal Marocco e dalla Francia; hanno carne callosa e saporita. Per verificarne la freschezza, toccate la sacca con un dito e verificate che cambi colore. Questo è un indice della sua freschezza.**

vista di 10 tentacoli ricoperti da ventose, due dei quali più lunghi perché impiegati nella caccia. Il calamaro europeo solitamente non supera i 50 cm di lunghezza e il peso massimo di 500 g.

**» Come viene pescato?**

Il calamaro viene pescato in maniera amatoriale, prevalentemente con bolentino e traina, con esca viva, oppure in modo professionale, tramite l'uso di reti trainate o a strascico nel periodo della riproduzione.

**» Disponibilità sul banco del pesce**

Si trovano freschi o congelati, provenienti dal nostro mar Mediterraneo ma anche da Thailandia o Patagonia. Quelli provenienti dai mari più caldi sono meno saporiti di quelli pescati in zone fredde. Devono presentare pelle turgida, tentacoli sodi e delicato profumo di mare. Sono spesso venduti già puliti e tagliati ad anelli, per la frittura, ma sono da preferire nella versione intera e fresca.

**» Proprietà e benefici**

Poco energetici, sono ideali per diete ipocaloriche. Contengono basso indice di colesterolo e una buona quantità di sodio, potassio, calcio e fosforo.

## In cucina

**» Calamari fritti:** un grande classico della cucina estiva tagliati ad anelli, passati in una pastella leggera, a base di farina e acqua frizzante ghiacciata e poi fritti in olio bollente.

**» Calamarata:** un primo piatto di pesce tipico della cucina napoletana, realizzato con un formato di pasta che ricorda la forma degli anelli di calamaro. Un mix di sapore e consistenza.

**» Calamari ripieni:** nelle molte varianti regionali, sono un classico della cucina di mare, dal Nord al Sud. Una volta farciti, vengono cotti in padella con un sughetto di pomodorini freschi, oppure in forno, con gratinatura finale.

# Cannelli (o cannolicchi)

Comunemente conosciuto come cannolicchio o cappalunga, è un mollusco bivalve appartenente alla famiglia *Solenidae* e alla specie *Solen marginatus*.

**» Dove vive**

Questo mollusco può vivere da pochi metri fino a oltre 20 metri di profondità, immerso in posizione verticale nella sabbia, tanto da rendere la sua presenza quasi invisibile, a eccezione dell'estremità dei sifoni (la struttura anatomica che fa parte del corpo molle dei molluschi), che formano sulla sabbia due fori riconoscibili per la forma simile a un 8.

**» Come riconoscerlo**

La conchiglia esterna ha forma quadrangolare, liscia e abbastanza molle, di colore variabile dal marrone al giallo. La dimensione varia dai 12 ai 15 cm, con picchi massimi che arrivano a 17 cm di lunghezza. Questo mollusco, che filtra grandi quantità d'acqua attraverso i sifoni trattenendo il suo nutrimento, è provvisto di un "piede" sporgente nella parte inferiore del corpo, l'organo di movimento usato per immergersi nella sabbia, oltre che la parte migliore da consumare.

**» Come viene pescato?**

La pesca professionale, per la quale serve un'apposita licenza, avviene con le vongolare turbosoffianti, che

### IL CONSIGLIO DI PEPPE

**Quelli italiani sono più chiari di quelli che arrivano dai mercati esteri e di dimensioni più piccole, perché fuori dall'Italia le leggi impediscono la pesca di esemplari di piccole dimensioni. Quelli francesi o olandesi sono altrettanto buoni e più ricchi di polpa.**

## In cucina

» **Cannolicchi crudi:** una delle prelibatezze del crudo di pesce, e un classico crudo di pesce, condito con succo di limone, olio e pepe. Non vanno salati perché portano nel piatto la sapidità del mare.

» **Spaghetti ai cannolicchi:** variante meno comune della classica pasta con le vongole, porta in tavola il sapore del mare con una preparazione semplice e veloce.

» **Cannolicchi gratinati:** un altro grande classico per gustare i frutti di mare. Il mix tra la panatura, a base di aglio, prezzemolo e olio, e la morbidezza del mollusco rende questa preparazione davvero straordinaria.

penetrano nel fondo sabbioso per 20-25 cm risucchiando i molluschi ma, contemporaneamente, distruggendo anche gran parte dell'ecosistema. I piccoli pescatori locali o gli amatori si servono di un rastrello e pescano i cannolicchi nelle zone a basso fondale sabbioso. In ambito amatoriale, nei mesi estivi il *Solen marginatus* è pescato con piccoli rastrelli in molte spiagge italiane. Di notevole interesse commerciale, i cannelli sono comunemente venduti perlopiù vivi (in Italia il prodotto è quasi esclusivamente pescato, mentre in Spagna se ne pratica anche l'allevamento). Per verificarne la freschezza basta toccare con un dito il "piede": se il mollusco è vivo, dovrebbe ritirarlo prontamente.

**» Disponibilità sul banco del pesce**

Si acquistano vivi e si verifica la freschezza toccando la parte del "piede", che il mollusco, se vivo, ritira immediatamente. In Italia in genere si vende solo il pescato, mentre la Spagna permette anche l'allevamento.

**» Proprietà e benefici**

Ricchi di sali minerali, di sodio, fosforo e ferro, sono un'eccellente fonte proteica, come tutti i frutti di mare. Poveri di grassi, sono indicati nelle diete ipocaloriche.

# Cozza

È il nome comune di varie specie di molluschi bivalvi appartenenti alla famiglia *Mytilidae*, anche noti come moscioli o muscoli. Le specie più commercializzate nel nostro Paese sono principalmente due: la cozza mediterranea (*Mytilus galloprovincialis*) e la cozza atlantica (*Mytilus edulis*) con caratteristiche e dimensioni simili. In Puglia si trova anche la cozza pelosa (*Modiolus barbatus*) così chiamata per via della peluria che ricopre le valve.

**» Dove vive**

La cozza vive in habitat differenti a seconda della specie: è possibile trovarla sia in zone di marea sia in zone completamente sommerse. Rimane ancorata a massi, scogli o piattaforme alle quali si fissa usando il bisso. È molto comune nei nostri mari, dove viene allevata con successo perché prolifera e cresce rapidamente. Si trova in tutto il mar Mediterraneo, ma è presente anche nel Mare del Nord, nell'oceano Atlantico, nell'oceano Pacifico meridionale, nel Mar Cinese e nel golfo di Thailandia. Gli allevamenti italiani più grandi sono nel mar Adriatico, in Sardegna e nel golfo ligure.

**» Come riconoscerla**

La cozza si compone di due conchiglie, di colore scuro all'esterno e madreperlacee all'interno, che ricordano vagamente la forma di una goccia. Le dimensioni medie si aggirano intorno

**IL CONSIGLIO DI PEPPE**

**Le tarantine sono tra le migliori, ottime anche le pelose baresi. I mesi buoni per acquistarle vanno da maggio a settembre, perché l'acqua è più calda e i frutti sono più turgidi. Imparate a riconoscere le nostrane dalle spagnole guardando il guscio, che nelle spagnole presenta striature verdi.**

ai 5 cm, le più grandi arrivano fino a 10. All'interno delle conchiglie si trova la parte edibile. Nella cozza atlantica la conchiglia è leggermente più allungata e grande e il mollusco al suo interno è di colore più chiaro.

**» Come viene pescata?**
Nel nostro Paese la quasi totalità delle cozze presenti sul mercato arriva da allevamenti italiani o di altre zone dell'Europa. La Spagna è il maggior produttore comunitario, altre zone di grande produzione sono l'Irlanda, il Regno Unito e il Marocco.

**» Disponibilità sul banco del pesce**
Le cozze devono essere messe in vendita negli appositi retini ai quali è d'obbligo allegare il bollino sanitario che ne indica la specie e la provenienza. Quando le acquistate, assicuratevi che siano integre, se notate che all'interno della rete ci sono molti esemplari con il guscio rotto, meglio non acquistarle.

## In cucina

**» Impepata di cozze:** si fanno aprire le cozze in un fondo di olio, aglio, pepe nero e prezzemolo e si servono accompagnate da bruschette di pane.

**» Cozze gratinate:** condite con un mix di pangrattato, aglio, prezzemolo, scorzetta di limone o formaggio, si cuociono in forno il tempo necessario a ottenere una crosticina dorata e croccante.

**» Tiella barese:** un piatto tipico della cucina barese, che si compone di strati di riso, fettine di patate e cozze che vengono messi a crudo in una teglia (la tiella, appunto) e successivamente cotti in forno.

**» Proprietà e benefici**
Come altri molluschi, la cozza ha un contenuto di colesterolo non trascurabile, motivo per cui si consiglia un uso moderato soprattutto alle persone soggette a ipercolesterolemia. In compenso, ha pochi grassi ed è una buona fonte di proteine ad alto valore biologico, di vitamine del gruppo A e B e minerali quali ferro, fosforo, potassio, sodio, zinco e iodio.

# Fasolaro

Detto talvolta anche fasolara, al femminile, o fasularo, in termine dialettale, il fasolaro (*Callista chione*) è un mollusco bivalve della famiglia *Veneridae*, la stessa alla quale appartengono vongole veraci e lupini di mare.

**» Dove vive**

È un mollusco tipico dell'alto Adriatico, ma si trova anche al largo delle coste tirreniche del Lazio. Fuori dal nostro Paese è possibile incontrarlo nelle Isole britanniche e nell'oceano Atlantico nordorientale. Vive nei sottosuoli melmosi e sabbiosi a poca distanza dai litorali ma a profondità che variano dai 10 ai 30 metri.

**» Come riconoscerlo**

La sua conchiglia grossa, tondeggiante, liscia e lucida, di colore marrone rosato chiaro, con striature concentriche più scure che ne testimoniano l'accrescimento, lo differenzia da altri molluschi bivalvi. All'interno le valve sono lisce e di un bianco porcellanato. Come altri bivalvi, ha una conchiglia composta da due valve simmetriche unite in un punto detto cerniera. All'interno c'è il mollusco, la parte edibile, che si contraddistingue per il piede di un inconfondibile colore rosso corallo, di cui si serve per muoversi, ancorarsi e nascondersi sotto la sabbia. Il fasolaro è ben più grande delle vongole: può raggiungere i 10 cm di diametro e i 100 g di peso.

**IL CONSIGLIO DI PEPPE**

**Deve essere sempre ben spurgato in acqua e sale, perché tende ad accumulare sabbia. L'ideale è mantenerli in ammollo per almeno 48 ore. In alternativa deve essere eliminata la sacca di deposito della sabbia, posta sotto la lingua rossa del frutto.**

## In cucina

**» Fasolari crudi:** gli estimatori li apprezzano anche crudi e li mangiano come le ostriche, senza alcun condimento, per gustare appieno il sapore del mare.

**» Zuppa di fasolari, cozze e vongole:** un secondo piatto eccellente, un mix di conchiliacei che si prepara in pochi minuti e si può personalizzare con l'aggiunta di altri ingredienti in base ai propri gusti.

**» Fasolari saltati in padella con aglio e prezzemolo:** da gustare così o da aggiungere alle insalate di mare. Attenzione a non stracuocerli altrimenti la carne (soprattutto il piede) diventa dura e gommosa.

**» Come viene pescato?**

La pesca professionale avviene come per le vongole con draghe turbosoffianti, quella amatoriale è poco praticata perché il fasolaro vive a profondità meno accessibili. Su molti pescherecci i fasolari sono già suddivisi in base alla taglia e insacchettati per essere immessi immediatamente sul mercato. La pesca si pratica tutto l'anno compresa la primavera, che è il periodo di riproduzione di questi animali, ma gli esemplari più piccoli vengono sempre rigettati in mare.

**» Disponibilità sul banco del pesce**

Non esiste stagionalità per questi molluschi che possono essere pescati durante tutto l'anno, ciononostante non sono un prodotto molto diffuso. La disponibilità dipende più da fattori esterni, come la richiesta dei consumatori. È più facile comprarli in zone dove sono conosciuti e richiesti. Al momento dell'acquisto devono essere vivi e vitali. Per testarne la freschezza, toccate il piede che deve ritrarsi di scatto.

**» Proprietà e benefici**

Dal punto di vista nutrizionale, il fasolaro ha caratteristiche simili ad altri molluschi: poche calorie, pochi grassi, un buon contenuto di sali minerali come ferro, calcio, fosforo e sodio, e di vitamine. Attenzione al contenuto di colesterolo.

# Lumaca di mare

Con questo termine si indicano varie specie di molluschi appartenenti, come le lumache di terra, alla classe dei *Gasteropodi*. Le varie specie si differenziano tra loro per la forma, la grandezza e il colore della conchiglia. Quelle più comuni nei nostri mari sono: i murici spinosi o raguse (*Bolinus brandaris*), i murici tronchi (*Hexaplex trunculus*), le lumachine bombolino o bombetti (*Nassarius mutabilis*) e le maruzze o maruzzelle o marizzielle (*Littorina neritoides*).

**» Dove vive**

Abitano le aree costiere a una profondità generalmente non superiore ai 20 metri, prediligendo fondali sabbiosi. Nei mari nostrani sono molto comuni lungo tutti i litorali, soprattutto nella zona dell'Adriatico. Altre specie vivono e vengono pescate per il consumo in tutti i mari e negli oceani del mondo.

**» Come riconoscerla**

Sono molto simili alle lumache di terra: il corpo è protetto da una conchiglia la cui forma, grandezza e colore variano a seconda della specie. I murici, per esempio, hanno una conchiglia che può essere di 6-8 cm, più tonda e grossa nella parte che ospita il frutto e più sottile e allungata nella parte opposta, con striature concentriche e spine in superficie. Le lumachine bombolino, invece, hanno una conchiglia liscia, di colore giallo brunastro, più piccola, tra i 2 e i 5 cm al massimo. Le maruzze

## IL CONSIGLIO DI PEPPE

**A Napoli si mangiano le maruzzelle, che sono imprescindibili nei pranzi delle feste. Quando le acquistate, devono essere in acqua e comunque verificate che al tocco si muovano. Sono ottime con il pomodoro.**

sono di dimensioni ancora più ridotte, sotto i 3 cm. Il frutto interno è la parte commestibile, legata alla conchiglia con un piede che serve all'animale per muoversi nel proprio habitat.

**» Come viene pescata?**
Vivendo a ridosso delle coste, è facile pescarle con dei rastrelli anche a livello amatoriale, ma bisogna conoscerle perché non tutte le lumache di mare sono commestibili. A livello industriale vengono utilizzate reti a strascico e nasse dove vengono inserite apposite esche.

**» Disponibilità sul banco del pesce**
Non si tratta di un prodotto stagionale, sebbene non sia sempre facile trovarle perché, soprattutto al Nord, non sono molto richieste. Devono essere consumate obbligatoriamente cotte, con una lunga cottura e un'accurata pulizia (vanno fatte spurgare). Devono essere vendute vive come le vongole: al momento dell'acquisto, verificate la vitalità valutando la

## In cucina

**» Lumache in porchetta:** sono una ricetta tipica della riviera del Conero, dove vengono cucinate in un sugo di pomodoro profumato con il finocchietto selvatico.

**» Lumache in umido:** si cuociono prima in una pentola solo con l'acqua, poi si ripassano in un sugo di pomodoro profumato con aglio e prezzemolo.

**» Lumache bollite:** si lessano in acqua, si estraggono dal guscio, si privano del "piede", più calloso e difficile da digerire, e si condiscono in bianco con olio, aglio, peperoncino e prezzemolo.

reazione agli stimoli: il mollusco vivo, se toccato, si ritrae. L'odore è un altro indicatore di freschezza: deve essere delicato, gradevole e salmastro.

**» Proprietà e benefici**
Le lumache di mare hanno un bassissimo contenuto calorico, quasi zero grassi e carboidrati, ma sono ricche di proteine e di sali minerali come potassio, sodio e ferro. Nonostante queste ottime proprietà nutritive, è meglio non esagerare nel consumo perché non sono di facile digestione.

# Lupino

Chiamato anche lupino di mare, per distinguerlo dagli omonimi legumi, o vongole lupino (*Chamelea gallina*), è un mollusco bivalve della famiglia *Veneridae*, alla quale appartengono anche le vongole veraci.

**» Dove vive**

Questi molluschi sono tipici del mar Mediterraneo, dove sono diffusi in particolare nella fascia adriatica. Qui i fondali bassi e sabbiosi, caratteristici di questo mare, creano un habitat perfetto per i lupini di mare, che sotto la sabbia possono trovare riparo dai predatori.

Sono però presenti anche nel mar Caspio, nel Mar Nero e nell'oceano Atlantico, in particolare a ridosso delle coste nordafricane e dell'Europa orientale.

**» Come riconoscerlo**

Hanno dimensioni più contenute (la taglia minima commerciale è di 2,2 cm) rispetto alle vongole veraci considerate più pregiate anche se di allevamento. Hanno il guscio di forma tondeggiante e liscia e di colore biancastro, bruno o grigiastro con striature. I sifoni, quella sorta di antenne che le vongole usano per filtrare l'acqua, per nutrirsi e respirare, sono più corti rispetto a quelli delle vongole veraci e il piede è quasi invisibile a occhio nudo.

### IL CONSIGLIO DI PEPPE

**Sono una specialità tipicamente italiana e si trovano nella zona di Barletta e Brindisi. Piccoli e saporitissimi, sono più carnosi e, secondo me, più gustosi delle vongole veraci. Regalano un'ottimo spaghetto alla pasta. Imparate a consumarli.**

## In cucina

**» Lupini e fagioli:** un abbinamento insolito che unisce la sapidità dei lupini alla dolcezza dei fagioli. Un piatto perfetto da servire come antipasto o secondo di mare.

**» Linguine ai lupini:** molti preferiscono i lupini alle vongole veraci di allevamento, perché pur essendo più piccoli e meno facili da pulire, sono più saporiti e danno un gusto più deciso alla ricetta.

**» Come viene pescato?**

La pesca si fa con particolari imbarcazioni dette vongolare, caratterizzate dalla presenza a prua di una specie di grande rastrello che una volta trascinato dall'imbarcazione raccoglie vongole, cannolicchi e altri molluschi. Le imbarcazioni sono inoltre dotate di un sistema di macchine turbosoffianti che ripuliscono il pescato dai residui di sabbia.

**» Disponibilità sul banco del pesce**

A differenza di altri tipi di vongole, i lupini sono piccoli e delicati e non si possono allevare. Ciononostante, il prodotto è sempre disponibile in pescheria perché la pesca si può praticare tutto l'anno. Come le vongole da allevamento, anche i lupini devono essere venduti nell'apposita retina con l'etichetta che ne indica la specie e la provenienza. I gusci devono essere integri e il peso non deve differire molto da quello in etichetta (i lupini morti dischiudono le valve facendo fuoriuscire l'acqua che hanno all'interno, acqua che è il segreto della loro bontà).

**» Proprietà e benefici**

Con una buona quantità di proteine e pochissimi grassi, i lupini sono un alimento interessante dal punto di vista nutrizionale. Hanno un'elevata quantità di sali minerali tra cui: sodio, fosforo, selenio, potassio, ferro e calcio e vitamine del gruppo A e B.

# Ostrica

Si tratta di un mollusco bivalve formato da due conchiglie unite tra loro in un punto detto cerniera. Il nome indica varie specie tra cui anche quelle perlifere. Quelle commestibili sono tra i frutti di mare più apprezzati. Impossibile elencare le numerosissime varietà in commercio, tra le più note e pregiate vi sono le piccole e dolci del Pacifico, le *Crassostrea gigas*, le più coltivate al mondo. La dicitura "del Pacifico" comprede anche le ostriche del Giappone, di facile coltivazione e per questo molto diffuse. Le *Crassostrea gigas* prendono poi un nome commerciale in base al produttore e alla zona di provenienza. Tra le più note le Gillardeau, allevate in Francia, le irlandesi Cuvee Prestige, le Princesse de Setubal del Portogallo e le migliori di Sardegna: Sandalia e l'ostrica di Tortolì. Tra le altre tipologie rinomate nella produzione italiana meritano una menzione Le Verdi di La Spezia, l'ostrica Rosa di Scardovari, della zona di Rovigo, le ostriche San Michele e la Cristalda in Puglia.

**» Dove vive**

Vive attaccata alle rocce nelle acque costiere e temperate di tutti i mari d'Europa, dell'oceano Atlantico e dell'oceano Pacifico. Predilige acque salate e salmastre ricche di residui organici e piccoli organismi, dei quali si nutre filtrando l'acqua (in maniera simile alle cozze).

**» Come riconoscerla**

Ha le valve molto robuste e disegua-

### IL CONSIGLIO DI PEPPE

**Quelle che piacciono a me sono le Gillardeau, le ostriche di Sardegna e, solo per i fortunati che vivono nella zona di Napoli, le napoletane. Se quando le aprite non esce acqua, significa che l'ostrica è vecchia e non va mangiata.**

li: quella con cui si attacca alle rocce è grossa e convessa, l'altra è più piccola e appiattita. Le valve sono ricoperte di lamelle squamose di colore grigio all'esterno, all'interno sono lisce e chiare. La *gigas* ha una conchiglia più allungata e concava, mentre la *edulis* ha una conchiglia più tonda e appiattita.

**» Come viene pescata?**

L'ostricoltura è diffusa in molte parti del pianeta. In Europa è largamente praticata in Francia e Irlanda, ma da anni è una realtà consolidata, e in costante espansione, anche in Italia dove si alleva dalla provincia di La Spezia fino a quella di Rovigo, passando per la Sardegna e la Puglia.

**» Disponibilità sul banco del pesce**

Essendo un prodotto di allevamento, è disponibile tutto l'anno. Poiché è un mollusco che si consuma principalmente a crudo, è importate assicurarsi della sua freschezza al momento dell'acquisto. Le valve devono essere chiuse, così da trattenere al proprio interno l'acqua.

## In cucina

**» Ostriche e champagne:** è l'abbinamento più classico e apprezzato non solo perché unisce due alimenti molto raffinati e ricercati, ma anche perché la reazione tra alcuni composti presenti nello champagne e altri nelle ostriche genera un'esplosione di sapore in bocca.

**» Ostriche gratinate:** un antipasto per un'occasione speciale. Apritele e conditele con un mix di pangrattato, aglio ed erbe, irrorando con l'acqua delle ostriche stesse mescolata con un filo di olio, e cuocete in forno per pochi minuti.

Il peso pertanto deve essere proporzionato: se l'ostrica è troppo leggera è probabile che sia vuota e secca. La carne che deve essere resistente e saporita.

**» Proprietà e benefici**

Si tratta di un alimento ipocalorico (fornisce 69 kcal per 100 g), ma nutriente. Ha un basso contenuto di grassi (solo 0,9 g per 100 g), ma è un'ottima fonte di minerali come rame, zinco, ferro, sodio, iodio, selenio, fosforo e calcio. È ricca di vitamine del gruppo A, B, D ed E.

# Polpo

Il polpo è un mollusco cefalopode della famiglia *Octopodidae*. Quello più pescato e commercializzato è il polpo comune (*Octopus vulgaris*) chiamato anche piovra o, impropriamente, polipo.

**» Dove vive**

Il polpo comune è diffuso nel mar Mediterraneo, ma è un animale con grandi capacità di adattamento, per questo è possibile incontrarlo a tutte le latitudini, in tutti i mari e negli oceani. Predilige fondali bassi e rocciosi dove può facilmente trovare cunicoli e piccole caverne in cui nascondersi dai predatori.

I polpi sono infatti completamente privi di scheletro, caratteristica che permette loro di insinuarsi molto velocemente anche negli spazi rocciosi più angusti.

**» Come riconoscerlo**

Come suggerisce il nome *Octopus* (dal greco *oktṓ pous* che significa "con otto piedi"), il polpo si caratterizza per avere 8 tentacoli su ognuno dei quali c'è una doppia fila di ventose, particolarità questa che lo distingue dal moscardino, col quale può essere confuso, che ha invece una sola fila di ventose sui tentacoli. Al centro dei tentacoli si trova la bocca, che termina con un becco corneo utilizzato dall'animale per rompere i gusci delle conchiglie e il carapace dei crostacei dei quali si nutre.

## IL CONSIGLIO DI PEPPE

**Il polpo verace ha una doppia fila di ventose, se ne vedete solo una fila state guardando un moscardino, che è ottimo cucinato alla Luciana. Con il polpo verace provate invece una bella genovese di polpo. Una delizia.**

Il mantello del polpo vivo ha un colore poco definito poiché questo animale modifica la propria pigmentazione mediante l'uso del mimetismo. Il peso varia da 500 g fino a 7-8 kg negli esemplari più grandi. In genere i maschi crescono più delle femmine.

**» Come viene pescato?**

Per la commercializzazione è pescato con nasse, lenze a mano e reti a strascico, ma, vista la sua larga diffusione, tuttora esiste una pesca artigianale con metodi tradizionali come l'uso di arpioni o piccole trappole.

**» Disponibilità sul banco del pesce**

Si trova fresco tutto l'anno, oppure congelato o decongelato. Molti preferiscono il prodotto congelato o decongelato perché il processo di congelazione è il miglior modo per rendere le sue carni più tenere. Il polpo fresco ha un colore intenso e brillante e un profumo di mare e salsedine. La carne deve essere soda e le ventose sui tentacoli devono ritrarsi di scatto al tocco.

## In cucina

**» Polpo alla Luciana:** è una preparazione tipica della cucina campana. Il polpo viene cotto in un sugo di pomodoro arricchito con olive, capperi, aglio e prezzemolo.

**» Polpo arrosto:** per questa preparazione si usano solo i tentacoli che vengono ripassati sulla griglia in modo da risultare croccanti all'esterno e morbidi all'interno.

**» Carpaccio di polpo:** un trend della cucina moderna, un piatto leggero e di grande effetto. Si cuoce il polpo in un brodetto aromatico, si taglia in pezzi e si fa rassodare all'interno di una bottiglia, quindi si taglia a fette e si condisce con una citronette.

**» Proprietà e benefici**

È un alimento molto amato per la sua carne gustosa e priva di lische, ricca di proteine e omega 3.
Non contiene molte vitamine, ma è una buona fonte di ferro, calcio, fosforo e potassio. Con solo 57 kcal per ogni 100 g di prodotto, è considerato un alimento ipocalorico.

# Riccio di mare

Il riccio di mare è il nome comune con cui si definiscono i molluschi appartenenti alla classe *Echinoidea* (dal greco antico *echinos* che significa appunto "riccio"). Sono chiamati così per la presenza sul dermascheletro (impropriamente chiamato guscio) di numerosi aculei.

**» Dove vive**

È un animale molto comune, la sua grande capacità di adattamento fa sì che lo si possa trovare sia nelle zone tropicali, sia nelle acque delle regioni polari, sia sugli scogli a pochi metri dalla costa, sia nei bassi fondali oceanici.

**» Come riconoscerlo**

È composto da un dermascheletro, più rotondo nella parte superiore e più piatto in quella inferiore, che può raggiungere i 7 cm di diametro ed è ricoperto di aculei di vario spessore, lunghezza, colore e forma. La colorazione degli aculei e del dermascheletro varia dal nero al viola, passando per il marrone e il verdastro. All'interno del guscio, disposti a forma di stella, si trovano 5 filamenti di colore giallo/arancione: sono le uova del ricco e sono la parte commestibile e più prelibata di questo mollusco, ma sono visibili solo dopo aver aperto il riccio e rimosso la parte inferiore con il "becco".

**» Come viene pescato?**

La raccolta dei ricci di mare avviene

## IL CONSIGLIO DI PEPPE

**Ormai la pesca e il consumo in Italia sono controllati, per evitare l'estinzione. Quelli che trovate sui banchi del mercato sono quasi sempre gli Imperiali che vengono dalla Francia. Sono più carnosi ma meno saporiti di quelli italiani. Attenzione, non vanno mai cotti ma aggiunti allo spaghetto dopo aver spento il fuoco.**

## In cucina

**» Ricci di mare crudi:** è il modo preferito dagli estimatori per assaporare questa prelibatezza del mare. Si recuperano le uova con un cucchiaino o un pezzetto di pane e si mangiano senza alcun condimento.

**» Spaghetti ai ricci di mare:** sono un primo piatto prelibato che si può preparare anche con la polpa dei ricci di mare venduta in barattolo, evitando la ricerca dei ricci freschi, che sono però da preferire se si vuole assapore il gusto vero delle uova crude.

manualmente con l'utilizzo dell'asta a specchio e del rastrello. È consentita solo in determinati periodi dell'anno e in misura contenuta. È prevista, per legge, una pausa biologica, la cui durata varia da regione a regione, per favorire il ciclo riproduttivo. Ultimamente si stanno sperimentando, anche in Italia, sistemi di allevamento per far fronte alla crescente richiesta del mercato.

**» Disponibilità sul banco del pesce**

Il prodotto fresco si trova solo in determinati periodi dell'anno, quando la pesca è consentita. In alternativa, è sempre possibile acquistare la polpa pastorizzata o surgelata. I ricci vanno acquistati chiusi e, dopo l'apertura e la pulizia, consumati immediatamente. L'odore e l'aspetto sono indicatori della freschezza. Il ricco fresco ha un buon profumo di mare, mentre con il passare del tempo diventa pungente e sgradevole. Dopo la morte, gli aculei, che al momento della pesca sono reattivi alle sollecitazioni esterne, diventano opachi e tendono ad afflosciarsi, staccandosi con facilità. Anche il peso è un buon indicatore: con il passare del tempo il riccio diventa più leggero a causa della perdita del liquido interno.

**» Proprietà e benefici**

Ottima fonte di proteine, contiene vitamine del gruppo B e sali minerali come calcio, zinco, ferro e magnesio. A livello di grassi, contiene omega 3 e una buona percentuale di carotenoidi.

# Seppia

La seppia è un mollusco appartenente alla classe dei *Cefalopodi*. Con il nome generico di seppia vengono immesse sul mercato diverse specie che hanno però caratteristiche ben distinte. Nel mar Mediterraneo le specie più pescate e commercializzate sono tre: la *Sepia Officinalis*, detta anche seppia comune, che può raggiungere i 35 cm di lunghezza; la *Sepia Orbignyana*, nota come seppia pizzuta, lunga al massimo 12 cm, e la *Sepia Elegans* o seppia piccola, con i suoi 9 cm di lunghezza.

**» Dove vive**

Predilige i fondali sabbiosi o melmosi nei quali si può mimetizzare facilmente. È un animale piuttosto comune nel mar Mediterraneo, ma vive anche nell'oceano Atlantico e nell'oceano Indiano.

**» Come riconoscerla**

Come il totano e il calamaro, ha 8 tentacoli più corti e 2 più lunghi, prensili e retrattili, che servono all'animale per difendersi e catturare le prede. Ha il corpo di forma ellittica con ai lati due pinne che usa per muoversi nel proprio habitat. All'interno del corpo si trova una conchiglia calcarea di forma ovale e piatta, il famoso osso di seppia, e anche la sacca contenente il nero di seppia, un liquido scuro che l'animale espelle quando percepisce una situazione di pericolo, formando una nuvo-

## IL CONSIGLIO DI PEPPE

**Se le comprate da pulire, verificate la freschezza passando un dito sulla sacca, se si forma una riga il pesce è fresco. Se le comprate già pulite, fate attenzione alla freschezza. Vanno bene anche i prodotti congelati e scongelati, preferite quelli lavorati direttamente sul peschereccio.**

la che lo nasconde alla vista di eventuali predatori, dandogli il tempo di fuggire.

**» Come viene pescata?**
Nella pesca industriale vengono impiegate reti a strascico, nasse, reti da posa o reti da circuizione. Molti grandi pescherecci sono attrezzati per pulire e lavorare direttamente a bordo il prodotto, congelandolo per garantire una maggiore sicurezza alimentare.

**» Disponibilità sul banco del pesce**
Si trova tutto l'anno e si può acquistare fresca, da pulire o già pulita, oppure congelata o decongelata. In questi ultimi due casi, solitamente è venduta già pulita. Se la si acquista fresca e la si pulisce in casa è possibile recuperare anche la sacca con il nero, le uova, ottime lessate e aggiunte alle insalate di mare, e il fegato, eccellente esaltatore di gusto per vari sughi di pesce.

## In cucina

**» Risotto al nero di seppia:** un grande classico della tavola delle feste, un primo piatto raffinato, di facile realizzazione, ma che restituisce al palato tutto il sapore del mare.

**» Tagliatelle di seppie:** una *crudités* di mare che si presta a essere servita come antipasto. Si preparano tagliando a striscioline sottili la sacca della seppia così da l'idea della pasta. Ottime condite solo con sale, olio, pepe e succo di limone.

**» Seppie e piselli:** nella versione in bianco o con il pomodoro, è un secondo piatto primaverile tipico di molte cucine regionali, leggero e ipocalorico.

**» Proprietà e benefici**
Come tutti gli altri molluschi anche la seppia contiene molte proteine, omega 3 e vitamine del gruppo B, oltre a sali minerali come iodio, sodio, fosforo e ferro, e steroli, che limitano l'assorbimento di colesterolo da parte del nostro organismo. Fornisce poche calorie, motivo per cui è consigliata a chi segue una dieta ipocalorica.

# Tartufo di mare

Il tartufo di mare (*Venus verrucosa*) è un mollusco bivalve della famiglia *Veneridae*, la stessa cui appartengono anche le vongole. È conosciuto anche con il nome di "noce di mare".

**» Dove vive**

Un tempo questo mollusco era molto comune lungo tutte le coste italiane, oggi, a causa della pesca intensiva, il prodotto è quasi scomparso. Oltre al mar Mediterraneo, è presente nell'oceano Atlantico orientale e nell'oceano Pacifico. Vive in colonie sui fondali sabbiosi e fangosi, a profondità che variano dai 10-20 metri fino ai 100 metri.

Nei mari italiani è facile trovarlo nelle zone di diffusione della posidonia, una pianta acquatica che offre nutrimento alla specie.

**» Come riconoscerlo**

Ha un guscio più resistente e tondeggiante di quello delle vongole, caratterizzato da striature concentriche in rilievo. Il colore va dal beige al giallo-bruno. All'interno il frutto è bianco e carnoso e all'assaggio è sapido. È più grande della vongola (può arrivare a 6-7 cm) e, anche per questo, è ritenuto più pregiato.

**» Come viene pescato?**

Come le vongole, viene pescato con il metodo delle draghe, degli attrezzi largamente impiegati per la pesca

## IL CONSIGLIO DI PEPPE

**Il periodo giusto per gustarlo è l'inverno, verso novembre e dicembre, quando la carne è più soda. In estate, basta poco per vederlo deteriorare.**

dei molluschi bivalvi. Ne esistono di diverse varietà, ma in genere sono formate da una gabbia metallica che viene trainata sul fondo marino per catturare i molluschi che si annidano nel substrato.

**» Disponibilità sul banco del pesce**

La maggior parte dei tartufi è pescata, ma per far fronte alla crescente richiesta del mercato, si stanno sperimentando sistemi di allevamento in acquacoltura.

Quando li acquistate, assicuratevi che il guscio sia intatto. Come per tutti gli altri frutti di mare, anche il tartufo deve essere venduto vivo e vitale. Controllate che le valve reagiscano chiudendosi al tocco. Soprattutto se volete consumarli crudi, accertatevi che siano ben spurgati o fateli spurgare per 2-3 ore in acqua e sale prima di consumarli.

**» Proprietà e benefici**

Sono un alimento ipocalorico, ma ricco di sali minerali (calcio, sodio, fosforo, ferro, calcio, magnesio, potassio, zinco, selenio) e vitamine del gruppo A, B e C. L'apporto di sodio è importante, per cui i soggetti ipertesi non dovrebbero abusare di questo alimento.

## In cucina

**» Tartufi di mare crudi:** in un piatto misto di *crudités* non possono mancare: carnosi, profumati e sapidi. Si aprono facendo leva con un coltellino nella giuntura delle conchiglie, ma per mangiarli crudi devono essere freschissimi e privi di ogni traccia di sabbia.

**» Sauté di tartufi di mare:** un secondo piatto tanto gustoso quanto veloce nella sua realizzazione. Per prepararlo, basterà far soffriggere uno spicchio di aglio e, se piace, un po' di peperoncino, unire i tartufi e cuocerli con il coperchio giusto il tempo per farli aprire. Completate con un po' di prezzemolo tritato.

**» Risotto alla pescatora:** insieme a vongole, moscardini, scampi e gamberetti, è un ingrediente perfetto per questo classico della cucina italiana.

# Tellina

La tellina è un mollusco bivalve della famiglia *Donacidae*. Nella struttura ricorda una vongola di dimensioni ridotte. Ne esistono diverse specie che si differenziano non tanto per le dimensioni, quanto per le caratteristiche della conchiglia.

**» Dove vive**

È un mollusco piuttosto comune nei nostri mari, ma si trova anche nell'oceano Atlantico orientale, dalla Francia al Senegal. Predilige fondali sabbiosi costieri e lagunari. Vive nascosta nella sabbia a pochi metri di profondità, talvolta anche solo poche decine di centimetri sotto la sabbia, tanto che, smuovendo un po' il fondale, è facile trovarle e catturarle a mani nude.

**» Come riconoscerla**

Come altri bivalvi, anche la tellina ha due conchiglie unite tra loro in un punto che viene chiamato cerniera. Le valve sono piatte e sottili. La parte anteriore è rotondeggiante mentre la parte posteriore è tronca. La lunghezza può variare da 1,5 a 5 cm al massimo. Il colore della conchiglia è diverso a seconda della specie: la *Donax semistriatus* per esempio, comune nei nostri mari, ha una superfice lucida con linee e fascette concentriche e si caratterizza per la fitta rigatura a raggiera di una delle due valve. La *Donax trunculus*, ancor più comune, ha una superficie lucida con linee e

## IL CONSIGLIO DI PEPPE

**Nasce nella sabbia e si trova solo al Sud. Il suo sapore inconfondibile supera quello della vongola o dei lupini. Gaeta o Mondragone sono i luoghi di raccolta. Non esistono telline d'allevamento, si prendono a mano servendosi di rastrelli.**

fascette concentriche, ma non rigate. La *Donax vittatus*, frequente nell'Atlantico, ha fascette concentriche molto vistose.

**» Come viene pescata?**
Si pesca su tutte le coste italiane ovunque ci siano fondali sabbiosi con rastrelli da natante, simili a quelli usati per la pesca delle vongole, che vengono trainati dalle imbarcazioni. A livello amatoriale, si può praticare la pesca delle telline con rastelli a mano a ridosso del bagnasciuga.

**» Disponibilità sul banco del pesce**
Non è un articolo molto commercializzato, con l'eccezione dei litorali di pesca. Deve essere venduta confezionata in sacchetti di rete, viva e vitale. Alla morte dell'animale le valve tendono a schiudersi facendo fuoriuscire l'acqua presente al loro interno. Le valve sono più delicate di quelle delle cozze e delle vongole, quindi tendono a rompersi facilmente.

## In cucina

**» Pasta con le telline:** in bianco o con il pomodoro è uno dei modi più classici per assaporarle.

**» Bruschetta con le telline:** un antipasto alternativo di cui si era innamorato anche il grande Fellini. Le telline vengono sgusciate e saltate in olio, aglio e prezzemolo, quindi servite su una fetta di pane tostato.

**» Telline al pomodoro:** si prepara un guazzetto nel quale si fanno aprire le telline per qualche minuto. Queste durante la cottura rilasciano nel sugo l'acqua che contengono, creando un intingolo saporitissimo.

**» Proprietà e benefici**
Dal punto di vista nutrizionale, le telline sono un alimento molto interessante. Con solo 70 kcal per 100 g, sono ipocaloriche e povere di grassi, ma ricche di proteine, sali minerali, ferro, calcio e fosforo. In più sono un'ottima fonte di vitamina A.

# Totano

Il totano è un mollusco cefalopode appartenente alla famiglia *Ommastrephidae*. Le specie più note sono il *Todarodes sagittatus*, che si trova anche nel mar Mediterraneo, e il *Todarodes pacificus*, che invece vive nell'oceano Pacifico. Simile al calamaro, si differenzia per l'aspetto non meno che per il sapore: ha un corpo di forma allungata con pinne laterali di forma triangolare più corte di quelle del calamaro e localizzate alla fine della sacca, dove forma una specie di punta di lancia. La carne del totano è un po' più dura e gommosa di quella del calamaro.

**» Dove vive**

È molto diffuso nell'oceano Pacifico, nell'Atlantico, nel mar Mediterraneo, ma anche nel Mar Glaciale Artico e nel Mar Nero. È una specie prevalentemente pelagica che predilige fondali sabbiosi e fangosi. Vive in profondità durante il giorno e risale verso la superficie durante la notte. Si avvicina ai litorali nei mesi invernali, quando l'acqua a riva è più fredda.

**» Come riconoscerlo**

Il totano ha un corpo snello e affusolato sorretto da un osso contenuto al suo interno, più sottile di quello del calamaro. La pelle è rosso-marrone tendente al tabacco. Le pinne, di forma lanceolata, sono attaccate alla parte terminale del corpo.

**» Come viene pescato?**

La maggior parte dei totani che si

## IL CONSIGLIO DI PEPPE

**Usatelo quando volete un gusto più dolce. Ha una carne un po' più gommosa rispetto a quella del calamaro, ma noi a Napoli lo utilizziamo spesso. Non va mai fatto arrosto. Da gustare da maggio a settembre.**

trova sui banchi del pescivendolo arriva da acque internazionali, dove questi molluschi spesso finiscono accidentalmente nelle reti utilizzate per la pesca di altre specie. Per la cattura specifica si utilizzano totanare e sciabiche (reti da pesca a strascico con assetto verticale).

**» Disponibilità sul banco del pesce**
Il totano può essere acquistato fresco, decongelato o congelato. È sempre da preferire il prodotto fresco. Per riconoscere il totano fresco da quello decongelato, bisognerà attivare i sensi della vista, dell'olfatto e del tatto. La parte chiara della sua carne deve essere bianca e lucida, al naso deve avere un buon profumo di mare e le carni devono essere sode e compatte.

**» Proprietà e benefici**
Al pari di altri cefalopodi anche il totano ha un buon contenuto proteico e un ridotto contenuto lipidico, cionostante apporta una buona quantità di acidi grassi polinsaturi omega 3. È fonte di minerali (in particolare selenio, rame, zinco, fosforo) e vitamine del gruppo B.

## In cucina

**» Totani in umido:** un secondo piatto di mare tipico della cucina italiana. Cotti con il pomodoro regalano un sughetto saporito e profumato, ottimo anche come condimento per una pasta.

**» Totani e patate:** una ricetta tipica della Costiera Amalfitana e dell'isola di Ischia, dove però si prepara principalmente in bianco, mente sulla terraferma è più diffusa nella versione con il pomodoro. Si tratta di una preparazione in umido in cui gli ingredienti della tradizione contadina incontrano quelli del mare.

**» Anelli di totano fritti:** si utilizzano alternativamente ai calamari. Il risultato è altrettanto gustoso.

# Vongola

Con questo nome si identificano varie specie di molluschi bivalvi. Tra le specie più commercializzate c'è la vongola comune (*Chamelea gallina*) detta anche lupino, ma la più pregiata è la vongola verace mediterranea (*Ruditapes decussatus*) sempre più spesso sostituita dalla vongola verace filippina (*Ruditapes philippinarum*), una specie di origine asiatica introdotta nei nostri mari per soddisfare la grande richiesta del mercato. La legge italiana oggi estende la denominazione commerciale di vongola verace anche alla specie delle Filippine.

**» Dove vive**

La vongola predilige fondali sabbiosi o fangosi dove si annida sotto il substrato e si nutre filtrando le particelle sospese nell'acqua o depositate sul fondale. In Italia è diffusa lungo tutte le coste italiane e nelle zone lagunari.

**» Come riconoscerla**

È un mollusco bivalve caratterizzato da due conchiglie unite tra loro in un punto detto cerniera, all'interno delle quali si trova la parte edibile. Lupini e vongole veraci si differenziano per la forma e la colorazione delle valve. Le vongole veraci sono più grandi e hanno un colore che varia dal marrone al verde fino al giallo – può essere anche più scuro in esemplari che vivono in ambienti poco ossigenati. Entrambe le specie hanno due sifoni, ma nelle vongole veraci si presentano più svi-

### IL CONSIGLIO DI PEPPE

**Le veraci si riconoscono perché hanno le due appendici laterali separate. Se i sifoni sono uniti, state acquistando le vongole dell'area di Goro, diverse dalle veraci napoletane. Le italiane d'allevamento arrivano dalla laguna di Venezia, e sono le migliori. Gustatele fino a quando potete, visto che i granchi blu le stanno decimando.**

luppati. L'osservazione dei sifoni ci può dire inoltre se ci troviamo di fronte a un esemplare di vongola verace mediterranea o delle Filippine: nel primo caso i sifoni sono separati, nel secondo caso uniti.

**» Come viene pescata?**
A livello industriale si pratica con draghe idrauliche turbosoffianti. Si tratta di gabbie metalliche che penetrano nel fondo marino per raccogliere, durante l'avanzamento, tutti gli organismi presenti nel substrato. In seguito, con una serie di getti di acqua, vengono espulsi sabbia e fango.

**» Disponibilità sul banco del pesce**
Le vongole si possono acquistare tutto l'anno grazie anche alla disponibilità di esemplari da allevamento. In entrambi i casi devono essere vendute vive e vitali, confezionate in retine idonee all'uso alimentare e sigillate

## In cucina

**» Spaghetti alle vongole:** un grande classico della cucina italiana da degustare nella versione con o senza pomodorini.

**» Sauté di vongole:** una preparazione semplice e gustosa da servire come antipasto o secondo piatto, accompagnato da fettine di pane tostato.

con un'etichetta che riporti informazioni sulla specie, la zona e il metodo di pesca. Per verificarne la freschezza, soppesate il sacchetto che le contiene: se sono fresche il peso deve corrispondere più o meno a quello indicato in etichetta. Se differisce molto per difetto, significa che molti esemplari sono già morti. Quando le vongole muoiono dischiudono le valve e fanno fuoriuscire l'acqua contenuta al loro interno.

**» Proprietà e benefici**
Con circa 70 kcal per 100 g, è da considerarsi un alimento ipocalorico. Le vongole danno un buon apporto di proteine nobili, acidi grassi polinsaturi, sali minerali come potassio, iodio, ferro, calcio e sodio e vitamine del gruppo A e B.

26,00
25,00

# Crostacei

## conoscerli, acquistarli, cucinarli

# Aragosta

L'aragosta è un crostaceo che appartiene al genere *Palinurus*. La sua polpa, morbida e delicata, come quella di scampi e cicale di mare, è molto apprezzata in cucina. Tra le specie più pregiate c'è l'aragosta mediterranea (*Palinurus elephas*) che, come suggerisce il nome, abbonda nei nostri mari.

**» Dove vive**

L'aragosta vive in fondali rocciosi fino a 150 metri di profondità in quasi tutti i mari del mondo. Ne esistono diverse specie che presentano caratteristiche peculiari, dimensioni e colori differenti. A livello commerciale si identifica comunemente in base alla zona di provenienza o al colore del carapace come aragosta atlantica (*Palinurus charlestoni*), aragosta tropicale (*Panulirus argus*), aragosta bianca (*Palinurus mauritanicus*), che si distingue per la presenza di numerose chiazze bianche sulla corazza, o aragosta verde (*Palinurus regius*).

**» Come riconoscerla**

Simile all'astice, con cui viene spesso confusa, l'aragosta si distingue per l'assenza delle chele e per la presenza di due lunghe antenne. Il corpo, che contiene la maggior parte della polpa, è protetto da uno spesso carapace spinoso che termina con una coda a ventaglio. Le zampe, le antenne e due spine dentellate a forma di V sono ancorate alla testa. Può raggiungere i 50

## IL CONSIGLIO DI PEPPE

**È la regina del mare, arriva da ogni parte del mondo ma cambia colore a seconda della provenienza. La nostra del Mediterraneo è la migliore, con carne soda e saporita. Purtroppo, visto che noi consumiamo aragoste troppo piccole, stiamo decimando la produzione. Le straniere vengono etichettate e controllate, quelle piccole non passano i controlli.**

## In cucina

**» Aragosta in bellavista:** una volta bollita, l'aragosta si serve tagliata a metà e ricoperta, a seconda dei propri gusti, con maionese o salsa cocktail, cetriolini, uova sode, carotine, gamberetti.

**» Aragosta bollita o al vapore:** è il metodo più salutare per consumare la sua carne e apprezzarne appieno il delicato sapore, accompagnandola con salse.

cm di lunghezza e superare gli 8 kg di peso, ma i consumatori preferiscono aragoste di taglia più piccola, perché possiedono una carne più tenera rispetto agli esemplari adulti.

**» Come viene pescata?**

L'aragosta viene solitamente pescata con trappole, nasse o, al più, con reti da posa, ma la maggior parte dei prodotti disponibili sul mercato è di allevamento. Viene mantenuta in vita fino al momento della vendita.

**» Disponibilità sul banco del pesce**

Si acquista tutto l'anno grazie al fatto che alla pesca in mare si è da tempo affiancato l'allevamento. L'aragosta si trova sia fresca sia surgelata. La preferenza per quella fresca viva è dettata dal fatto che molti cuochi credono che la carne si indurisca se l'animale viene cotto da morto. Il fatto che al momento dell'acquisto l'aragosta sia viva non è però indice di qualità. La lunga permanenza nelle vasche prima di arrivare sul banco del pescivendolo può comunque danneggiarla. Se l'aragosta è fresca, le antenne devono essere ben attaccate alla testa, l'addome sodo e non molle e al naso deve profumare di mare. Alla morte, l'aragosta avvia un processo di decomponimento che sprigiona azoto, causa del pungente odore di ammoniaca.

**» Proprietà e benefici**

L'aragosta fornisce una buona quantità di proteine ad alto valore biologico, è povera di grassi e ricca di minerali come selenio, fosforo, calcio, ferro.

# Astice

L'astice è un crostaceo decapode appartenente alla famiglia *Nephropidae* di cui fanno parte anche gli scampi, ma non l'aragosta. Dal punto di vista commerciale due sono le specie interessanti: quella europea (*Homarus gammarus*) e quella americana (*Homarus americanus*).

**» Dove vive**
Entrambe le specie prediligono fondali rocciosi o fangosi duri, ma vivono in posti diversi: l'astice americano vive nelle acque temperate e fredde dell'oceano Atlantico, che bagnano le coste nordamericane. L'astice europeo si trova nelle zone orientali dell'oceano Atlantico, dalla Norvegia nordoccidentale fino alle Azzorre e al Marocco, e nel nostro mar Mediterraneo.

**» Come riconoscerlo**
Le due specie si differenziano all'occhio principalmente per il colore del carapace: l'astice europeo è anche detto astice blu per la colorazione che varia dal blu scuro al verde oliva. Il colore dell'astice americano varia dal verde scuro al marrone. L'astice americano è inoltre di dimensioni più grandi rispetto a quello europeo. Entrambe le specie possiedono 2 paia di chele, una più grande e una più piccola, che servono all'animale per svolgere diversi compiti, inoltre sono muniti di due paia di antenne e 8 zampe che usano per spostarsi nel proprio habitat.

## IL CONSIGLIO DI PEPPE

**Meravigliosa creatura, sia da osservare, sia da gustare. Preferite l'astice canadese e quello blu, perché sono qualità con una polpa più carnosa e saporita. Alla catalana, con gli spaghetti, intinto nel burro. Superlativo!**

**» Come viene pescato?**
La specie europea viene pescata nella stagione estiva. Quella americana, predominante sul mercato, viene pescata tra luglio e ottobre. In entrambi i casi si utilizzano apposite trappole per crostacei e altri pesci come esca.

**» Disponibilità sul banco del pesce**
È disponibile vivo o congelato durante tutto l'anno perché, oltre al prodotto pescato, vengono venduti gli astici di allevamento, per compensare l'alta domanda di questo prelibato crostaceo e la mancanza di prodotto nei periodi in cui la pesca è più scarsa. La specie più commercializzata è quella americana perché, per le sue abitudini comportamentali, è più facile sia da catturare, sia da allevare in vasca.

**» Proprietà e benefici**
Dal punto di vista nutrizionale, l'astice ha poche calorie, la maggior parte delle quali sono ad alto valore biologico. Contiene inoltre carboidrati e grassi "buoni". Rilevante è l'apporto di fosforo, calcio, ferro, magnesio, zinco e vitamine del gruppo B.
L'astice appartiene alla lista degli alimenti con potere allergizzante, è dunque sconsigliato durante la gravidanza, l'allattamento e lo svezzamento. Attenzione anche alla presenza di colesterolo.

## In cucina

**» Astice alla catalana:** un'insalata di mare prelibata che ha come protagonista la polpa dell'astice bollito abbinata alle cipolle e ai pomodorini.

**» Linguine all'astice:** un primo piatto raffinato e perfetto per le occasioni di festa, che si prepara con pochi e semplici ingredienti.

**» Astice bollito:** la ricetta perfetta per gustare la sua carne tenera e dolce. Dopo averlo bollito si serve con una ciotolina di burro fuso all'aglio in cui intingere i pezzetti di astice prima di addentarli.

# Cicala spernocchia

È un crostaceo della famiglia *Squillidae* conosciuto a livello regionale con molte varianti dialettali: scrificio, pernocchia o sparnocchia, cannocchia o canocchia, ma anche canocia e pure cicala di mare sono i nomi più diffusi.

**» Dove vive**

Vive sui fondi sabbiosi e fangosi della costa, spesso in prossimità della foce dei fiumi o dello sbocco dei canali, dove scava gallerie per stazionare durante il giorno. Esce dalla tana di notte alla ricerca di cibo. È molto diffusa nei nostri mari, in particolare nell'alto Tirreno e nel medio Adriatico, ma si può trovare anche nell'oceano Atlantico, dalle Isole Britanniche fino all'Angola.

**» Come riconoscerla**

Il corpo è composto da una robusta corazza leggermente più ampia nella parte posteriore che termina con una coda sulla quale sono presenti due caratteristiche macchie ovali brunoviolacee che sembrano degli occhi e servono a confondere i predatori. Il carapace ha un colore che va dal grigio al violaceo. La testa è munita di due paia di antenne e di altre due appendici mobili su cui sono riconoscibili gli occhi. Anche la testa è protetta da una robusta corazza. Può raggiungere una lunghezza massima di 20-25 cm, ma quelle che si trovano in commercio sono solitamente più piccole, da 12 a 18 cm.

**IL CONSIGLIO DI PEPPE**

**Se la mettete in una zuppa o in un sugo, scoprirete il sapore di questo meraviglioso crostaceo, che costa poco ma è il più saporito del mondo. Il periodo migliore per gustarle va da novembre a marzo, perché le spernocchie hanno bisogno di freddo.**

**» Come viene pescata?**
Si può pescare tutto l'anno con reti a strascico e nasse specifiche per la cattura di questi crostacei, all'interno delle quali vengono messe le esche, pesci freschi o congelati, che con il loro odore attraggono le cicale facendole rimanere imprigionate nelle trappole.

**» Disponibilità sul banco del pesce**
Si può acquistare durante tutto l'anno anche se gli estimatori preferiscono quelle pescate durante il periodo autunnale quando al suo interno si trova anche il corallo, la parte cui sono attaccate le uova. Andrebbe consumata freschissima perché dal momento della pesca in poi inizia un processo di disidratazione che finisce per ridurre la polpa, col risultato di rendere il carapace molle e vuoto. Quelle pescate fuori dai nostri mari spesso sono abbattute già a bordo dei pescherecci, per conservarle al meglio.

## In cucina

**» Sugo con le cicale:** cotte in padelle con il pomodoro diventano un gustosissimo condimento per qualsiasi formato di pasta.

**» Zuppa di pesce:** essendo un pesce senza spine, mischiata ad altri crostacei e molluschi è ideale per preparare gustose zuppe.

**» Cicale gratinate:** uno squisito antipasto che si prepara aprendo le cicale prima della cottura. La polpa si condisce con una panatura aromatica, che ne esalta il sapore, prima di cuocerle.

**» Proprietà e benefici**
Magrissima (solo 70 kcal per 100 g), contiene proteine nobili ed è particolarmente ricca di calcio, fosforo, sodio, ferro e vitamine del gruppo B. La carne è molto magra e delicata e, per questo, facilmente digeribile. Al pari degli altri crostacei, anche le canocchie hanno un discreto quantitativo di colesterolo, motivo per cui si consiglia di consumarle con moderazione.

# Gambero rosso

Il gambero rosso (*Aristaeomorpha foliacea*) è un crostaceo decapode della famiglia *Aristeidae*. Deve il suo nome alla particolare colorazione del carapace che è di un bel rosso brillante, più intenso nella parte anteriore e un po' più sbiadito sulla coda. La specifica "di Mazara del Vallo" indica il porto di sbarco dei pescherecci che si dedicano alla cattura di questo prelibato crostaceo. Quello che rende così speciale il gambero rosso di Mazara del Vallo, e lo differenzia dai gamberi rossi pescati altrove, è il fatto che le acque in cui vive e viene pescato lo arricchiscono di sali minerali che rendono il suo sapore unico al mondo.

**» Dove vive**

Predilige fondali fangosi, ma acque cristalline. Popola moltissimi mari, dal Mediterraneo all'oceano Atlantico, dai Caraibi al Pacifico, dal Mozambico all'Australia. Quelli di Mazara solitamente sono catturati dai pescherecci che operano tra Pantelleria, Lampedusa, Malta, Cipro e lungo le sponde turche e libiche.

**» Come riconoscerlo**

È un gambero di medie dimensioni che si distingue per il colore rosso intenso del carapace. Per riconoscerlo bisogna osservare il rostro, una sorta di becco che ha al centro della testa e che nel caso del gambero rosso di Mazara ha da 4 a 6 denti. Altre specie che talvolta vengono vendute per gambero rosso di Mazara, come il Carabi-

**IL CONSIGLIO DI PEPPE**

**Dolce, luccicante, rosso intenso, se possibile va consumato crudo. Ottimo anche acquistato in pacchi con la dicitura "congelato a bordo", perché in alternativa dovreste abbatterlo prima del consumo a crudo. I gamberi lavorati "a bordo" costano di più ma sono qualitativamente i più buoni.**

## In cucina

» **Gamberi rossi crudi:** è il modo migliore per assaporare appieno la sua carne soda, delicata e dolcissima.

» **Tartare di gamberi e burrata:** pesce e formaggio? Non è un abbinamento insolito, anzi è un accostamento gourmet. Un altro modo per consumarlo a crudo e valorizzare la sua carne dal sapore unico.

» **Gamberi rossi gratinati:** privati del carapace e conditi con una leggera panatura che non interferisce con il sapore delicato, sono un delizioso secondo di mare. La cottura deve essere breve, altrimenti la carne diventa dura e asciutta.

nero (*Aristaeopsis edwardsiana*), ne hanno solo tre.

**» Come viene pescato?**
Viene pescato con reti da traino a centinaia di metri di profondità e congelato a bordo dei pescherecci o appena rientrati in porto. Prima di essere congelato viene suddiviso in base alla lunghezza della testa in gamberi di I, II, III e IV scelta.

**» Disponibilità sul banco del pesce**
Si trova tutto l'anno ed è molto richiesto sia per il consumo domestico sia nella ristorazione, per questo è facile incappare in contraffazioni. Si vende congelato o decongelato. In ogni caso è da preferire il prodotto congelato direttamente a bordo dei pescherecci perché conserva meglio le sue caratteristiche organolettiche e nutrizionali.

**» Proprietà e benefici**
È un'ottima fonte di proteine di alta qualità. È indicato anche per chi vuole seguire una dieta ipocalorica perché 100 g di gamberi apportano solo 85 kcal. L'unica controindicazione dal punto di vista nutrizionale è, come in altri crostacei, il contenuto di colesterolo che è di poco inferiore a quello dell'uovo. Ha un buon contenuto di vitamine, alcune delle quali si perdono però durante la cottura, quindi meglio consumarlo crudo o appena scottato.

# Granchio

Con questo termine si indicano varie specie di crostacei decapodi di varia dimensione e forma che vivono in acque dolci o salate. Non tutti i granchi sono commestibili. Quelli più interessanti da un punto di vista culinario sono la granseola o granceola (*Maja squinado*), un grosso granchio che vive nel Mediterraneo e nell'oceano Atlantico; varie specie di granchi detti genericamente granchi reali o king crab per le loro dimensioni importanti (possono arrivare a pesare 3 kg); i granchi blu, riconoscibili per le sfumature blu sulle chele. Nella laguna veneziana è molto diffusa la specie *Carcinus aestuarii*. Si tratta di piccoli granchi che vengono pescati solo durante il periodo della muta, quando perdono il "vecchio" carapace e rimangono con un esoscheletro morbido.

**» Dove vive**

La maggior parte dei granchi vive in ambienti marini, in particolare nelle zone costiere sabbiose, ma ci sono centinaia di altre specie che vivono in acque dolci. È possibile trovarli ovunque, tenendo in considerazione che alcune specie vivono solo in ambienti ben definiti come, per esempio, il granchio indopacifico (*Scylla serrata*) che vive solo lungo la costa asiatica del Pacifico, in Sud Africa e nel Nordest dell'Australia.

**» Come riconoscerlo**

Pur differenziandosi per grandezza, habitat e colore del carapace, i granchi hanno una struttura corporea comune. Hanno 10 zampe, due delle quali, quel-

## IL CONSIGLIO DI PEPPE

**Il fellone, tipico della zona di Napoli, è ottimo. La granseola e il granchio porro sono i più comuni sui banchi delle pescherie, e arrivano dalla Francia. Vanno tutti bene e sono tutti buoni.**

le più vicine alla bocca, sono munite di chele che il granchio utilizza per difendersi e cacciare. Le altre zampe servono per spostarsi. Le chele possono essere più o meno sviluppate a seconda della specie. Hanno tutti un carapace molto duro che mutano crescendo e che è di colore diverso a seconda della specie.

**» Come viene pescato?**
Le tecniche di pesca si differenziano in base al tipo di granchio da catturare, tenendo in considerazione la grandezza e l'ambiente in cui vive. Più che le reti, nella pesca si utilizzano apposite trappole all'interno delle quali vengono messe esche preparate *ad hoc*.

**» Disponibilità sul banco del pesce**
Le *moeche*, come vengono chiamati i granchi in fase di muta nella laguna veneziana, sono disponibili solo nei mesi primaverili e autunnali e sono una specialità difficilmente reperibile lontano da queste zone. Altri tipi di granchi sono disponibili tutto l'anno. All'acquisto assicuratevi che sia vivo e che non puzzi di ammoniaca. I granchi sono altamente deperibili: una volta pescati si attiva subito la degradazione degli amminoacidi liberi e delle proteine muscolari che sono causa di quello sgradevole odore di ammoniaca.

**» Proprietà e benefici**
Al pari degli altri crostacei, anche i granchi forniscono un buon apporto di proteine ad alto valore biologico, poche calorie, una dose interessante di vitamine (soprattutto del gruppo B) e un apporto soddisfacente di ferro e potassio. Ma un contenuto di colesterolo da tenere sotto controllo.

## In cucina

**» Moeche fritte:** è il modo più comune per cucinare questi granchi. Vengo immersi per pochissimo tempo in olio bollente e si mangiano interi con anche le chele e le zampette.

**» Granchio blu con burro all'aglio:** appena lessato (non ha bisogno di molti minuti di cottura), si estrae la polpa anche dalle chele e la si ripassa in padella con il burro aromatizzato all'aglio. È un secondo piatto perfetto per assaporare la sua carne dolce e delicata.

# Ricette

## della tradizione napoletana

# SAUTÉ DI VONGOLE

**Il sauté di vongole è una specialità tipica della Campania, perfetto sia come antipasto, sia per condire gli spaghetti o le linguine. La ricetta è di facile realizzazione, ma richiede molluschi freschissimi e la pazienza di farli spurgare completamente dalla sabbia. Servitelo accompagnato da crostoni di pane raffermo tostato.**

**INGREDIENTI PER 4 PERSONE**
Vongole 1,5 kg - Aglio 2 spicchi - Vino bianco ½ bicchiere circa - Olio extravergine d'oliva q.b. - Peperoncino q.b. - Pepe q.b. - Prezzemolo tritato a cascata

**COTTURA:** 10 minuti

**PROCEDIMENTO**
Cominciate facendo spurgare le vongole per almeno 2 ore sotto un filo di acqua corrente, per eliminare completamente i residui di sabbia.
In un tegame capiente riscaldate un po' di olio con gli spicchi di aglio e il peperoncino tagliato finemente (dosate quest'ultimo in base al grado di piccantezza che volete ottenere). Unite le vongole e fatele cuocere a fiamma vivace per pochi minuti, fino a quando vedrete aprirsi le valve, poi sfumate con il vino bianco, abbassate la fiamma e fate cuocere al minimo ancora per 1 minuto circa, prima di eliminare le vongole che sono rimaste chiuse.
Aggiungete prezzemolo a cascata e servite accompagnato da fette di pane che avrete precedentemente abbrustolito e, a picere, strofinato con un po' di aglio.

# ZUPPA DI COZZE

La zuppa di cozze napoletana è una ricetta tipica del periodo pasquale, da preparare il Giovedì Santo e gustare come antipasto o come secondo di pesce. Si serve sulle friselle bagnate con l'acqua di cottura del polpo o su crostoni di pane abbrustolito. È una ricetta arricchita con vongole, seppie, tentacoli di polpo e gamberi. La tradizione la vorrebbe piccante, aromatizzata anche con del peperoncino.

**INGREDIENTI PER 4 PERSONE**

Cozze 1,5 kg - Polpo 1 kg - Seppie 300 g - Gamberi 150 g - Aglio 2 spicchi - Alloro 2 foglie - Pomodori pelati q.b. - Sale fino q.b. - Olio extravergine d'oliva q.b. - Pepe nero q.b. - Vino bianco q.b. - Prezzemolo a cascata

**Per i crostini** Baguette 1 - Olio extravergine d'oliva q.b.

**COTTURA:** 40 minuti

**PROCEDIMENTO**

Cominciate pulendo il pesce: eliminate la testa dei gamberi, togliete delicatamente il carapace e sfilate l'intestino dal dorso (il filamento nero) usando la punta di un coltello o uno stuzzicadenti. Tenete i gamberi da parte.

Raschiate e lavate accuratamente le cozze sotto l'acqua corrente per eliminare le incrostazioni e le impurità, poi staccate il bisso, il filamento che fuoriesce lateralmente dalle valve. Una volta pulite, tenetele da parte.

Pulite le seppie: eliminate la pelle quindi staccate dal corpo la testa con i tentacoli, eliminate il becco, poi estraete l'osso centrale e la sacca di inchiostro (potete usarla per un risotto). Tagliate le seppie a listarelle per il lato più lungo e tenete anche queste da parte.

Pulite il polpo: sciacquatelo sotto l'acqua corrente, asciugatelo ed eliminate gli occhi incidendo la parte alta della sacca, togliete il becco, pulite la sacca eliminando le interiora e lavatela accuratamente, poi strofinate con le mani la testa e i tentacoli per rimuovere il più possibile la patina gelatinosa che li ricopre.

Una volta pulito, fate cuocere il polpo in pentola a pressione ben ricoperto di acqua, che avrete aromatizzato con l'alloro e qualche grano di pepe, per 10 minuti, oppure in ammollo in una normale pentola per 40 minuti. Prima di

toglierlo dal fuoco e scolarlo, testate la cottura con i rebbi di una forchetta, la carne dovrà risultare tenerissima. Scolate il polpo aiutandovi con una schiumarola e fatelo intiepidire, prima di trasferirlo su un tagliere e tagliarlo a pezzetti.
In un tegame antiaderente capiente, fate rosolare uno spicchio d'aglio con un filo di olio fino a quando non sarà ben dorato, poi toglietelo aiutandovi con le pinze da cucina e versate nel tegame le cozze, sfumate con il vino bianco e cuocetele coperte fino a quando non saranno aperte. Ci vorranno circa 5 minuti.
Trascorso questo tempo, spegnete il fuoco, eliminate i molluschi che non si sono aperti, poi prelevate le cozze conservando il liquido di cottura per la zuppa.
Separate le valve vuote da quelle piene e riponete queste ultime in una ciotola.
Ponete sul fuoco una pentola capiente con l'aglio in camicia e un filo di olio. Fate rosolare l'aglio e una volta dorato eliminatelo, aggiungete le seppie a listarelle, regolate di sale e di pepe e, dopo qualche minuto, unite i gamberi. Cuocete per altri 2 minuti mescolando delicatamente, poi versate in pentola anche il polpo e le cozze, con tutta la loro acqua di cottura.
Aggiungete qualche cucchiaio di pomodoro pelato e proseguite la cottura per altri 10-15 minuti, per far restringere il sughetto.
Intanto preparate i crostini: tagliate la baguette a fette di 3-4 cm di spessore e scaldatele su una leccarda foderata con carta forno, una volta croccanti irrorate ciascuna fetta con un filo di olio extravergine d'oliva.
Impiattate la zuppa e sevitela accompagnata da un crostone di pane croccante.

# INSALATA DI MARE

**Un grande classico dell'estate, un'insalata ricca con molluschi e crostacei, da preparare in anticipo e da consumare fredda. Ideale per una cena importante o una serata tra amici, ma anche un grande classico per il cenone della Vigilia.**

**INGREDIENTI PER 4 PERSONE**
Cozze 1 kg - Vongole 750 g - Polpo 700 g - Gamberi 500 g - Calamari (medi) 400 g - Carote 2 - Costa di sedano 2 - Aglio 2 spicchi - Alloro 4 foglie - Prezzemolo q.b. - Pepe nero in grani q.b. - Sale grosso q.b.
**Per il condimento** Succo di limone 40 ml - Olio extravergine d'oliva 40 ml - Sale fino q.b. - Pepe nero q.b. - Prezzemolo a cascata

**COTTURA:** 50 minuti

**PROCEDIMENTO**

Cominciate pulendo tutto il pesce. Lavate e raschiate le cozze per eliminare le impurità e privatele del filamento che fuoriesce delle valve, quindi sciacquatele ripetutamente sotto l'acqua corrente fino a quando non risulteranno ben pulite.

Pulite i gamberi eliminando la testa e il carapace, quindi sfilate l'intestino (il filamento nero) servendovi della punta di un coltello.

Lavate i calamari, privateli della pelle, staccate i tentacoli e separateli dagli occhi, quindi eliminate il dente centrale. Pulite anche la sacca eliminado le interiora e la cartilagine trasparente, quindi sciacquate sotto l'acqua corrente.

Lavate il polpo, asciugatelo ed eliminate gli occhi incidendo la parte alta della sacca, togliete il becco, pulite la sacca eliminando le interiora e lavatela accuratamente, poi strofinate con le mani la testa e i tentacoli per rimuovere il più possibile la patina gelatinosa che li ricopre.

Mettere sul fuoco una pentola con abbondante acqua salata, 2 foglie di alloro, 1 spicchio d'aglio, 1 carota, 1 costa di sedano e un rametto di prezzemolo. Quando l'acqua raggiunge il bollore, immergete e sollevate per tre volte il polpo per far arricciare i tentacoli, quindi fatelo cuocere in ammollo per circa 25 minuti. Spegnete il fuoco e fatelo raffreddare immerso nell'acqua di cottura.

In una casseruola capiente, fate aprire le cozze a fuoco vivace e coperte per qualche minuto, quindi prelevatele con

una schiumarola e tenetele da parte (non buttate l'acqua di cottura, potete usarla per altre preparazioni).
In un'altra pentola portate a bollore l'acqua con due foglie di alloro, la carota, la costa di sedano, lo spicchio d'aglio e un rametto di prezzemolo, quindi cuocete per qualche minuto i gamberetti, scolateli tenendo da parte l'acqua di cottura che userete per cuocere i calamari.
Immergete nell'acqua bollente i calamari per circa 5 minuti, poi scolateli con una schiumarola e tenete anche questi da parte.
Ora sgusciate le cozze (conservandone qualcuna intera per la decorazione), tagliate il polpo a tocchetti e i calamari ad anelli.
In una ciotola, preparate la citronette unendo l'olio, il succo di limone, il sale e il pepe, mescolate tutto energicamente e tenete da parte.
In una insalatiera capiente unite il polpo, le cozze, i gamberetti e i calamari, condite con la citronette e completate con una bella cascata di prezzemolo fresco tritato.
Lasciate riposare l'insalata per almeno un'ora prima di servirla.

# INSALATA DI RINFORZO

**L'insalata di rinforzo è un piatto ricco di storia a base di verdura e sottaceti, dal gusto agro-piccante. Simbolo della tradizione napoletana della Vigilia di Natale, non esiste famiglia che non la porti in tavola secondo la tradizione. Oggi anche gli chef stellati si sono cimentati nella rivisitazione di questo piatto povero ma di grande personalità.**

### INGREDIENTI PER 4 PERSONE

Cavolfiore di medie dimensioni 1 - Giardiniera sott'aceto 150 g - Olive verdi dolci 80 g - Olive nere di Gaeta 80 g - Acciughe sotto sale 4 (8 filetti) - Capperi sotto sale 40 g - Papaccelle sott'aceto 100 g (facoltative) - Olio extravergine d'oliva q.b. - Aceto di vino bianco q.b. - Sale q.b.

**COTTURA:** 15 minuti

### PROCEDIMENTO

Lavate il cavolfiore, dividetelo in cimette e cuocetelo a vapore per 10-15 minuti per conservare intatte le sue proprietà nutritive. Se preferite potete anche lessarlo in acqua leggermente salata. Fate raffreddare.

In una insalatiera larga e poco profonda, sistemate le cimette di cavolfiore, conditele con olio, aceto e un pizzico di sale e pepe, poi aggiungete uno alla volta gli altri ingredieti: le acciughe che avrete precedentemente dissalato e separato in filetti, le olive verdi e nere, la giardiniera a piccoli pezzi, i capperi e, a piacere, le pappacelle, che donano una nota piccante alla preparazione.

Mescolate per amalgamare tutti i sapori e fate riposare in frigorifero per almeno un paio d'ore prima di servire l'insalata come contorno.

# BACCALÀ FRITTO

**Il baccalà non è altro che un merluzzo oceanico di grandi dimensioni che viene conservato sotto sale. La ricetta del baccalà fritto è un piatto della tradizione regionale campana, di facile realizzazione. Il pesce va ripulito solo dalla pelle e dalle lische più grandi e poi basta seguire le regole per realizzare una buona frittura: olio di qualità e temperatura corretta.**

**INGREDIENTI PER 4 PERSONE**

Baccalà dissalato 500 g - Farina 00 per infarinare q.b. - Olio di semi di arachidi (per la frittura) q.b.- Pepe nero q.b. - Lime q.b.

**COTTURA:** 10 minuti

**PROCEDIMENTO**

Per prima cosa, sistemate i pezzi di baccalà in una ciotola che avrete riempito con acqua fredda fino a ricoprire il pesce, quindi riponeteli in frigorifero. Lasciate il baccalà in ammollo per 3-4 giorni, cambiando l'acqua almeno una volta al giorno fino a quando non risulterà ben ammollato.

Prelevate i pezzi di baccalà, metteteli su un tagliere e tamponateli con carta assorbente su tutti i lati. Ripulite grossolanamente il pesce eliminando la pelle e le lische esterne più grosse, poi dividetelo in pezzi più piccoli della stessa dimensione.

Sistemate il baccalà in uno scolapasta posizionato sopra un piatto e versate la farina, poca per volta, aiutandovi con le mani per infarinare in modo uniforme tutti i pezzi di pesce: al termine del lavoro dovranno risultare asciutti e non umidi. Ripulite la farina in eccesso scuotendo lo scolapasta.

In un pentolino, mettere a scaldare 3-4 dita di olio di semi di arachidi fino a quando non sarà ben caldo, quindi immergetevi i primi pezzi di baccalà e friggete fino a completa doratura.

Scolateli con un mestolo forato e riponeteli su carta assorbente, proseguendo la frittura nello stesso modo fino a quando non sarà terminato tutto il baccalà. Sistemate il fritto su un piatto da portata, completate con qualche spicchio di limone e una manciata di prezzemolo tritato e servite caldissimo.

# CAPITONE FRITTO

**Il capitone fritto è un tipico piatto natalizio della cucina partenopea, un secondo di pesce che non può mancare nel menù della sera della Vigilia, quando la tradizione vuole che si mangi "di magro", evitando la carne. L'usanza è da rispettare anche per scaramanzia: la sua forma allungata ricorda infatti quella di un serpente, che si pensa possa scacciare il male e rendere più propizio il nuovo anno.**

**INGREDIENTI PER 4 PERSONE**

Capitone 1 kg - Foglie di alloro 4-5 - Farina q.b. - Olio di semi di arachidi q.b. - Sale q.b.

**COTTURA:** 45 minuti

**PROCEDIMENTO**

Fate pulire ed eviscerare il capitone dal pescivendolo, quindi lavatelo, asciugatelo accuratamente e tagliatelo a pezzi di circa 5 o 6 cm di lunghezza.
Versate in una ciotola un po' di farina e cominciate a infarinare i pezzi del capitone su tutti i lati, eliminate la farina in eccesso servendovi di un colino o scuotendoli delicatamente.
In una padella ampia e dai bordi alti, scaldate l'olio fino alla temperatura di 180 °C (controllate il calore usando un termometro da cucina, oppure, in caso non lo aveste a disposizione, buttando nella pentola un pizzico di farina e verificando che frigga).
Per aromatizzare l'olio, aggiungete qualche foglia di alloro che eliminerete appena comincia a imbiondire: scolatele e tenetele da parte.
Adagiate i pezzi di capitone in padella e friggeteli fino a completa doratura, mantenendo sempre il fuoco a temperatura media: in questo modo si cuoceranno alla perfezione senza seccarsi, rimanendo umidi all'interno.
Man mano che sono pronti, scolate i pezzi di capitone su un foglio di carta assorbente da cucina, rimuovete l'olio in eccesso e trasferiteli sul piatto da portata, condite con sale e qualche pezzetto di foglia di alloro.

# FRITTO MISTO DI GAMBERI E CALAMARI

**Il segreto di questa ricetta, semplice ma gustosa, è quello di mantenere la tenerezza del pesce e la croccantezza della frittura, per questo nella preparazione serve avere qualche accortezza, come l'uso della semola rimacinata di grano duro al posto della farina, che regalerà alla ricetta la giusta consistenza. Altro consiglio importante è quello di usare pesce di media pezzatura, che andrà lavato e asciugato alla perfezione.**

### INGREDIENTI PER 4 PERSONE

Calamari freschi 800 g - Code di gambero 500 g - Limone 1 - Farina di semola rimacinata di grano duro q.b. - Olio di semi di arachidi (per la frittura) q.b. - Sale q.b. - Pepe q.b.

**COTTURA:** 15 minuti

### PROCEDIMENTO

Sgusciate delicatamente i gamberi eliminando uno a uno gli anelli del carapace per evitare che la coda si spezzi, poi eliminate l'intestino (il filo nero che vedete sul dorso) usando la punta di un coltello o uno stuzzicadenti. Lavateli e asciugateli accuratamente.

Pulite i calamari, eliminando la pelle e staccando le pinne laterali. Separate la sacca dai tentacoli, estraete l'osso interno, la vescichetta nera e gli occhi. Lavateli, asciugateli accuratamente e tagliateli ad anelli di circa 1 cm di altezza.

Mettete la semola in una ciotola capiente e infarinate completamente i gamberi e i calamari, sia all'interno, sia all'esterno. Usate un setaccio per eliminare la semola in eccesso.

In un tegame largo e dai bordi piuttosto alti, scaldate l'olio fino a quando avrà raggiunto la giusta temperatura, quindi friggete prima i calamari, per circa 8 minuti, e poi i gamberi, per circa 5 minuti.

Saranno pronti quando risulteranno ben dorati e rimarranno a galla. Servendovi di un mestolo forato, sgocciolate la frittura e disponeteli su un foglio di carta assorbente, prima di sistemarli nel piatto da portata.

Salate a piacere e servite il fritto misto di gamberi e calamari caldo, accompagnato con qualche fetta di limone.

cucina diMare

# FRITTURA DI PARANZA

**Sempre meno presente nei menu dei ristoranti, ma ottima da realizzare anche a casa, la frittura di paranza richiede due sole accortezze: pesce misto di piccola taglia freschissmo e olio di qualità per la frittura. È una ricetta tipica del Sud Italia, ma la si può trovare in qualsiasi località dove ci sia ancora un pescato locale.**

**INGREDIENTI PER 4 PERSONE**

Pesciolini misti da paranza (merluzzetti, triglie di fango e di scoglio, sogliolette, alici, moli, piccoli cefali, ecc.) 1 kg - Farina di semola di grano duro 150 g - Sale q.b. - Olio di semi di arachidi q.b. - Limone (facoltativo) ½

**COTTURA:** 10 minuti

**PROCEDIMENTO**

Lavate velocemente tutti i pesciolini e asciugateli accuratamente per evitare che una volta infarinati risultino molli. In un recipiente largo versate la farina di grano duro e passate tutti i pesciolini in modo che l'infarinatura aderisca su tutti i lati, quindi, aiutandovi con un setaccio, eliminate la farina in eccesso.

In una padella capiente e dai bordi alti, oppure nella friggitrice, scaldate una quantità abbondante di olio di semi fino a quando avrà raggiunto il punto di calore, quindi immergete poco per volta i pesci, evitando che si attacchino tra di loro.

Mano a mano che si cuociono, scolateli e metteteli ad asciugare su un piatto con carta assorbente per eliminare l'olio in eccesso, quindi serviteli caldissimi e, a picere, accompagnati con fette di limone.

## IL CONSIGLIO DI PEPPE

**A Napoli si mangia anche la mazzamma, detta "frittura dei poveri", che è una valida alternativa al fritto di paranza. Si realizza con tutti quei pesciolini che rimangono nelle reti da strascico e che non possono essere venduti come pesce di pregio. In Campania si vende a peso e si mangia soltanto fritta. Però che buona!**

# LINGUINE AGLI SCAMPI

È un primo piatto di pesce dal sapore delicato, adatto anche per un pranzo importante e raffinato. Nella tradizione partenopea fa parte delle portate da servire durante la cena della Vigilia di Natale, ma è una ricetta che parla d'estate, di mare e di vacanza.

**INGREDIENTI PER 4 PERSONE**
Scampi 800 g - Linguine 400 g - Pomodori ciliegini 12 - Passata di pomodoro 1 cucchiaio - Aglio 2 spicchi - Prezzemolo a cascata - Vino bianco q.b. - Olio extravergine d'oliva q.b. - Sale fino q.b. - Pepe nero q.b.

**COTTURA:** 35-40 minuti

**PROCEDIMENTO**

Lavate accuratamente gli scampi, mettetene da parte 4 interi per la decorazione finale del piatto e private gli altri della testa e del carapace, che userete per fare un fumetto di pesce. Tenete la polpa da parte.

Lavate i pomodorini e tagliateli a piccoli pezzetti.

In una padella scaldate 1 spicchio d'aglio, 2 cucchiai d'olio e un gambo di prezzemolo, aggiungete le teste e i gusci degli scampi, sfumate con il vino bianco, bagnate con un bicchiere di acqua e fate cuocere per circa 10 minuti a fuoco vivo.

Schiacciate molto bene i gusci e le teste degli scampi per conservare il massimo del loro sapore, poi eliminateli dal fumetto e filtrate il liquido ottenuto. Tenetelo da parte.

In un'altra padella scaldate l'olio con lo spicchio d'aglio (se vi piace potete anche tritarlo), unite gli scampi interi, sfumate con del vino bianco e fate cuocere qualche minuto fino a quando saranno ben coloriti. Poi prelevateli aiutandovi con le pinze e versate i dadini di pomodorini e la passata, aggiungete il fumetto di pesce, aggiustate di sale e di pepe e fate ritirare il sugo. Solo all'ultimo momento, appena 1 minuto prima di spegnere il fuoco, unite la polpa degli scampi.

Nel frattempo lessate la pasta in abbondante acqua salata, scolatela al dente e trasferitela nel tegame del sugo. Fate amalgamare la pasta con il sughetto, decorate con gli scampi interi e completate con una manciata di prezzemolo fresco.

# SPAGHETTI ALL'ASTICE

**Gli spaghetti all'astice blu sono un trionfo di bellezza e gusto. Si preparano con l'astice fresco e sono un piatto unico completo, con un sugo denso e saporito, che raccoglie tutta la delicatezza e il gusto di questo meraviglioso crostaceo.**

**INGREDIENTI PER 4 PERSONE**

Spaghetto quadrato 400 g - Astici blu 2 - Pomodori ciliegini 200 g - Aglio 2 spicchi - Olio extravergine d'oliva q.b. - Sale q.b. - Pepe q.b. - Prezzemolo a cascata

**COTTURA:** 35 minuti

**PROCEDIMENTO**

Lavate gli astici e divideteli a metà nel senso della lunghezza usando un coltello ben affilato.

In una padella molto capiente, scaldate l'olio con uno spicchio d'aglio. Non appena sarà imbiondito, abbassate la fiamma e adagiate nella padella gli astici dalla parte del carapace, sfumate con il vino bianco e fateli cuocere fino a quando il guscio avrà assunto un bel color arancio.

Non girate gli astici mettendo la carne a contatto con la padella, altrimenti ne rovinerete il sapore: lasciate che la polpa cuocia solo grazie al vapore che si sprigiona dalla padella. Nel frattempo, portate a bollore abbondante acqua e mettete a cuocere gli spaghetti.

Dalla padella prelevate gli astici con una pinza e teneteli da parte, versate i pomodorini che avrete tagliato a metà, salate, pepate e fateli cuocere a fuoco vivace aggiungendo un paio di cucchiai di acqua di cottura della pasta e facendoli saltare.

Prima di spegnere il fuoco, rimettete nella padella gli astici, sempre appoggiandoli dalla parte del carapace, e fateli cuocere ancora per qualche minuto nel sugo di pomodoro, così che rilascino completamente i loro succhi.

Scolate gli spaghetti al dente tenendo da parte qualche cucchiaio di acqua di cottura e versateli nel sugo. Completatene la cottura aggiungendo qualche cucchiaio della loro acqua per aumentare la cremosità del piatto.

Terminate con prezzemolo a cascata e impiattate disponendo in ogni piatto mezzo astice per ciascun commensale.

Peppe Di Napoli
cucina d'aMare

# LINGUINE AL LIMONE E MAZZANCOLLE

**Due ingredienti tipici dell'estate: il limone di Sorrento e la mazzancolla, un trionfo di sapore e colore. Come per tutte le preparazioni che richiedono un crudo di pesce, la materia prima deve essere freschissima e della massima qualità per la buona riuscita del piatto.**

**INGREDIENTI PER 4 PERSONE**

Linguine 400 g - Mazzancolle 500 g - Limoni 2 - Aglio 1 spicchio - Olio extravergine d'oliva q.b. - Sale q.b. - Prezzemolo q.b.

**COTTURA:** 35 minuti

**PROCEDIMENTO**

Lavate e tagliate il limone a fettine sottili. Pulite le mazzancolle, eliminate il carapace e separate le teste che terrete da parte. In una padella larga e capiente mettete qualche cucchiaio di olio, uno spicchio d'aglio e fate rosolare a fuoco vivo le teste delle mazzancolle. Una volta cotte schiacciatele per bene in maniera da far uscire tutti i loro succhi, poi eliminatele.

Preparate una pentola con acqua e portatela a bollore, tenetela in caldo per la successiva cottura della pasta. Bagnate il sugo con un mestolo di acqua calda e aggiungete le fettine di limone che avete preparato in precedenza. Fate cuocere fino a quando il limone si sarà completamente ammorbidito, poi unite anche le linguine e cuocetele direttamente nel sugo della pasta per 12-13 minuti.

Intanto realizzate una tartare con la polpa delle mazzancolle. Togliete le linguine dal fuoco, impiattatele e decorate ogni piatto con la tartare di mazzancolle.

# RISOTTO ALLA PESCATORA

**Un grande classico della cucina tradizionale italiana: il riso che incontra il pesce per un primo piatto davvero eccezionale. Per la realizzazione di questa ricetta ci vuole un po' di pazienza e di tempo, perché la varietà del pesce scelto è quella che regalerà al piatto la perfetta sinfonia di sapori.**

### INGREDIENTI PER 4 PERSONE

Riso Carnaroli 350 g - Scalogno 1 - Vino bianco q.b. - Vongole veraci 1 kg - Calamari (già puliti) 500 g - Gamberi 250 g - Gamberoni 4 - Aglio 2 spicchi - Olio extravergine d'oliva q.b. - Prezzemolo q.b.

**COTTURA:** 35 minuti

### PROCEDIMENTO

Mettete le vongole a spurgare in acqua fredda per qualche ora per eliminare l'eventuale residuo sabbioso.
Pulite le cozze eliminando tutte le incrostazioni e le impurità e privandole del filamento che fuoriesce dalle valve.
Pulite i gamberi eliminando la testa e il carapace, che terrete da parte per realizzare il fumetto di pesce. Servendovi della punta di un coltello o di uno stuzzicadenti, eliminate l'intestino (il filamento nero), quindi tagliate la polpa a pezzetti.
Realizzate un fumetto di pesce con le teste e il carapace dei gamberi. Sciacquate abbondantemente sotto l'acqua i gamberoni, che lascerete interi per decorare il piatto, quindi teneteli da parte.
Tagliate i calamari a listarelle e i tentacoli a pezzetti.
In una padella scaldate uno spicchio d'aglio, 2 cucchiai di olio e un gambo di prezzemolo, aggiungete le teste e i carapaci dei gamberi, sfumate con il vino bianco, bagnate con un bicchiere di acqua e fate cuocere per circa 10 minuti a fuoco vivo. Schiacciate molto bene i gusci e le teste per conservare il massimo del loro sapore, poi eliminateli dal fumetto e filtrate il liquido ottenuto. Tenetelo da parte.
In un'ampia padella versate le cozze e le vongole, copritele con un coperchio e fatele aprire col calore del fuoco a media intensità. Prelevate i molluschi con un mestolo forato e filtrate il liquido di cottura, che unirete al fumetto di pesce.

Sgusciate le vongole e le cozze (lasciatene qualcuna intera per la decorazione) e tenetele da parte.
In una padella capiente scaldate l'olio con lo spicchio d'aglio. Quando comincia a imbiondire, toglietelo e versate in padella il riso, che farete tostare nell'olio per qualche minuto a fuoco dolce, quindi sfumate con il vino bianco, fatelo evaporare e versate, poco per volta, il fumetto di pesce per avviare la cottura del riso. Dopo circa 5 minuti aggiungete i calamari, lasciate cuocere per qulache minuto bagnando con il fumetto mano a mano che il riso si asciuga. Trascorsi 6-7 minuti unite anche i gamberi a pezzetti e continuate a cuocere il risotto a fiamma bassa, mescolando e aggiungendo il fumetto di pesce quando necessario.
Intanto occupatevi della cottura dei gamberoni: in una padella scaldate un filo d'olio e unite i gamberoni, cuoceteli per 2 minuti per lato, poi alzate la fiamma e sfumate con il vino bianco. Lasciate evaporare per 1 o 2 minuti e spegnete il fuoco.
Un minuto prima che il risotto giunga a cottura, unite anche le cozze e le vongole sgusciate, mescolate bene e completate la cottura.
A fuoco spento aggiungete i gamberoni e una spolverata di prezzemolo tritato. Lasciate riposare per qualche minuto prima di servire con la guarnizione delle cozze e delle vongole che avrete lasciato con il guscio.

## IL CONSIGLIO DI PEPPE

**Nel risotto alla pescatora potete anche aggiungere qualche filetto di triglia, che regala una nota dolce al piatto. Ricordate che i filetti di triglia necessitano di una cottura breve, altrimenti si seccano. Aggiungeteli alla preparazione insieme ai gamberi.**

# SPAGHETTI ALLE VONGOLE

**Un grande classico della cucina napoletana, largamente diffuso anche in tutte le zone costiere. A Napoli è tradizione consumarli anche la sera della Vigilia di Natale, con l'immancabile insalata di rinforzo. Il segreto per una ricetta di successo sta nella mantecatura finale della pasta, che avviene nel sugo e con abbondante acqua di cottura.**

**INGREDIENTI PER 4 PERSONE**

Spaghetti grossi 320 g - Vongole 1 kg - Olio extravergine d'oliva q.b. - Aglio 1 spicchio - Pepe nero q.b. - Sale fino q.b. - Peperoncino (facoltativo) q.b. - Prezzemolo a cascata

**COTTURA:** 20 minuti

**PROCEDIMENTO**

Per prima cosa fate spurgare le vongole per un paio d'ore in abbondante acqua in cui avrete sciolto 2 cucchiai di sale grosso. Una volta spurgate, sciacquatele e mettetele in un tegame con un coperchio che deve chiudere ermeticamente. Accendete il fuoco a temperatura media e lasciate cuocere per alcuni minuti controllando che le vongole si aprano. Appena aperte, togliete la pentola dal fuoco e prelevate le vongole con un mestolo forato.

Filtrate il liquido di cottura facendolo passare attraverso un colino a maglie fini per eliminare ogni impurità. Tenete tutto da parte.

Mettete sul fuoco abbondante acqua salata per la cottura della pasta, quando bolle preparate il sugo.

In un'ampia padella fate soffriggere nell'olio l'aglio sbucciato e, a piacere, del peperoncino tritato.

Unite le vongole e fatele saltare per circa ½ minuto a fiamma medio-bassa, poi aggiungete il loro liquido di cottura.

Scolate gli spaghetti molto al dente (un paio di minuti prima del tempo indicato) tenendo da parte 2 bicchieri di acqua di cottura, trasferiteli nel sugo di vongole e terminate la cottura mantecandoli per un paio di minuti, usando la loro acqua di cottura, che aggiungerete poco per volta per creare una crema densa.

Servite gli spaghetti alle vongole con una spolverata di prezzemolo fresco tritato.

# GENOVESE DI TONNO

**Un grande classico della cucina napoletana rivisitato al sapore di mare. La genovese è un sugo tradizionale a base di cipolle e carne, in questa versione "di mare" la carne viene sostituita con una tartare di tonno crudo, per una variante estiva della ricetta invernale. Le cipolle, invece, continuano a farla da padrone!**

**INGREDIENTI PER 4 PERSONE**

Rigatoni 320 g - Cipolle di Tropea 2 kg - Tonno fresco 500 g - Carota 1 - Costa di sedano 1 - Pomodori ciliegini 15 - Olio extravergine d'oliva q.b. - Sale q.b.

**COTTURA:** 3 ore e 30 minuti

**PROCEDIMENTO**

Pelate e affettate sottilmente le cipolle per fare in modo che durante la cottura si sciolgano quasi completamente. Tritate la carota e la costa di sedano. In un tegame dai bordi alti e piuttosto capiente versate l'olio e il trito di carota e sedano, fate soffriggere per qualche minuto, poi aggiungete le cipolle affettate e qualche pomodorino. Aggiustate di sale e fate cuocere lentamente per circa 3 ore, fino a quando vedrete formarsi una crema di cipolle. Spegnete e tenete da parte.

Mettete a bollire l'acqua per cuocere la pasta e intanto cominciate a tagliare a dadini piccoli il tonno crudo, che avrete precedentemente abbattuto (usate un abbattitore oppure tenetelo nel congelatore di casa per almeno 48 ore, poi scongelatelo), quindi conditelo con olio e sale.

Cuocete la pasta e scolatela al dente, quindi fatela mantecare leggermente nella crema di cipolle, impiattate e aggiungete in ciascun piatto una buona dose di tartare di tonno crudo.

# POLIPETTI ALLA LUCIANA

**Pochi ingredienti e un successo assicurato. Teneri, saporitissimi, perfetti da gustare su un crostone di pane, oppure per condire gli spaghetti. Una ricetta intramontabile che nasce nell'antico borgo di pescatori di Santa Lucia, da cui prende il nome. La ricetta originale li vuole cotti nella pentola di coccio e con la sola aggiunta di olio, pomodorini e un po' di erbe aromatiche.**

**INGREDIENTI PER 4 PERSONE**

Polipetti 1 kg - Pomodori ciliegini 10 - Olive denocciolate 200 g - Capperi 200 g - Aglio 1 spicchio - Olio extravergine d'oliva q.b. - Sale q.b.

**COTTURA:** 40 minuti

**PROCEDIMENTO**

Pulite i polipetti eliminando gli occhi e il becco, poi lavateli sotto l'acqua corrente. In una padella dai bordi un po' alti mettete a cuocere coperti i polipetti senza alcun condimento per 5 minuti, per far uscire un po' della loro acqua. Eliminate parte del liquido e aggiungete aglio, olio, i pomodorini che avrete precedentemente lavato e asciugato, le olive e i capperi. Cuocete con il coperchio e senza mai mescolare i polipetti, per circa 20 minuti, poi verificate la cottura con i rebbi di una forchetta. I polipetti devono essere tenerissimi.

A cottura ultimata potete servirli come antipasto, accompagnandoli con crostoni di pane abbrustolito, oppure usarli come condimento per la pasta.

# FILETTI DI RICCIOLA AL FORNO CON MOLLICA DI PANE

**Una ricetta insolita e di facile realizzazione per un pesce dal sapore delicato. Meno usata della comune orata, la ricciola è un pesce che ben si presta a essere servito anche nelle cene con invitati d'eccezione. L'utilizzo del pane raffermo è un calssico della cucina partenopea, sempre attenta agli sprechi.**

**INGREDIENTI PER 4 PERSONE**

Ricciole 2 da 500 g l'una - Pane raffermo 4 fette - Limone 1 - Arancia 1 - Vino bianco ½ bicchiere - Olio extrvergine d'oliva q.b. - Sale q.b. - Prezzemolo a cascata

**COTTURA:** 35 minuti

**PROCEDIMENTO**

Pulite e sfilettate le riccole, oppure fatele preparare sfilettate dal vostro pescivendolo di fiducia.

Preparate la panatura: in una ciotola capiente sminuzzate la mollica del pane raffermo (oppure tritatela grossolanamente), poi aggiungete olio, sale, prezzemolo tritato, il succo di limone e quello di arancia e il vino bianco. Mescolate tutto in modo da far diventare l'impasto un composto omogeneo.

Ungete una teglia da forno e adagiate sul fondo i filetti di ricciola, coprendoli con una bella dose di panatura, e cuocete in forno già caldo a 180 °C per circa 20 minuti. Servite caldo.

# ORATA AL FORNO

**Uno dei metodi più semplici e gustosi per cucinare il pesce è sicuramente la cottura al forno, che si adatta a molte tipologie di pesci di grossa taglia.**

### INGREDIENTI PER 4 PERSONE

Orata del peso di circa 2 kg (oppure 4 piccole) - Patate 3 - Pomodori ciliegini 10 - Aglio 2 spicchi - Rosmarino 2 rametti - Timo 2 rametti - Olio extravergine d'oliva q.b. - Pepe nero q.b. - Sale fino q.b.

**COTTURA:** 40 minuti

### PROCEDIMENTO

Dopo aver pulito ed eviscerato accuratamente il pesce, sciacquatelo sotto l'acqua fredda e tamponatelo con carta da cucina.

Tritate finemente tutte le erbe aromatiche e, se lo gradite, unite al trito anche uno spicchio di aglio fresco. Insaporite con circa metà del trito aromatico e una presa di sale l'interno del pesce e tutta la pelle.

Pelate le patate e fatele cuocere in acqua bollente per circa 15 minuti. Raffreddatele e tagliatele a fette. Lavate e tagliate a pezzetti i pomodorini.

Prendete una pirofila da forno, ungetela con un filo d'olio, disponetevi uno strato di patate e pomodorini, salate, pepate e cospargete la superficie con il rimanente trito di erbe.

Sistemate il pesce sopra lo strato di verdure, irrorate con un filo di olio extravergine e infornate in forno già caldo a 180 °C per 20-25 minuti, a seconda del peso del pesce.

A cottura ultimata, estraete la pirofila dal forno e servite l'orata ben calda con il suo contorno di patate e pomodorini.

# PESCE AL SALE

**La cottura al sale è una delle più utilizzate per i pesci di grandi dimensioni perché è dietetica e conserva intatto il sapore del pesce. Questa tecnica permette infatti di eseguire una cottura leggera e senza utilizzo di olio o altri condimenti, mantenendo inalterate le proprietà organolettiche del pesce. Ricordate che il rapporto tra peso del pesce e sale è di 1:1, quindi per 1 kg di pesce dovrete usare almeno 1 kg di sale grosso. Con pesci più grandi si consiglia di aumentare leggermente la quantità di sale, per una crosta ottimale.**

**INGREDIENTI PER 4 PERSONE**

1 pesce di circa 2 kg - Sale grosso 2,5 kg - Timo fresco 1 mazzetto - olio extravergine d'oliva q.b. - Sale aromatizzato (facoltativo) q.b.

**COTTURA:** 40 minuti

**PROCEDIMENTO**

Eviscerate e lavate il pesce senza togliere le squame e facendo attenzione che la pelle rimanga intatta. Asciugatelo per evitare che il sale si sciolga a contatto con la pelle bagnata, poi inserite nella pancia il mazzetto di timo e, a piacere, un po' di sale aromatizzato.

Foderate una teglia con carta forno e distribuite metà del sale sul fondo, disponetevi sopra il pesce e ricopritelo completamente con il sale rimasto.

Preriscaldate il forno a 180 °C e cuocete il pesce per circa 40 minuti (il tempo di cottura dipende dalla grandezza del pesce, in generale si calcolano circa 20-25 minuti per kg).

Estraete la teglia dal forno e fatela raffreddare per almeno 10 minuti prima di rompere la crosta di sale con un cucchiaio. Rimuovete accuratamente ogni residuo di sale dal pesce e sfilettatelo per servirlo porzionato nei piatti.

# PIZZA CON LE SCAROLE

**La pizza con le scarole è un altro piatto tipico della tradizione napoletana, presente alla cena della Vigilia di Natale, ma ottima anche per tutte le altre occasioni. Un tempo la pasta veniva realizzata con lo strutto, oggi si preferisce usare l'olio extravergine d'oliva. Il contrasto tra la pasta croccante e il ripieno morbidissimo è davvero straordinario.**

### INGREDIENTI PER 4 PERSONE

**Per l'impasto** Farina 700 g - Lievito di birra fresco 7 g - Acqua a temperatura ambiente q.b.- Sale fino q.b.

**Per il ripieno** Scarola riccia cruda 100 g - Olive di Gaeta denocciolate 40 g - Capperi sotto sale dissalati 20 g - Acciughe sott'olio in filetti tipo Cetara 10 g - Uvetta passa 5 g - Olio extravergine d'oliva q.b.

**COTTURA:** 45 minuti

### PROCEDIMENTO

Sciogliete il lievito di birra in poca acqua tiepida e fatelo riposare per qualche minuto in modo che si attivi.

In una ciotola versate la farina e cominciate a impastarla aggiungendo un filo di olio e poca acqua per volta. Quando gli ingredienti cominciano ad amalgamarsi, inglobate nell'impasto anche il lievito precedentemente sciolto.

Trasferite l'impasto su una spianatoia, lavoratelo fino a quando diventerà elastico, poi dividetelo in due panetti e mettetelo a riposare in due ciotole coperte con un canovaccio a temperatura ambiente per circa 3 ore.

Intanto preparate il ripieno: in una padella capiente fate scaldare l'olio, quando sarà caldo versate nella padella la scarola e fatela saltare per qualche minuto. Poi aggiungete le olive denocciolate, i capperi, l'uvetta e i filetti di acciuga.

Fate cuocere fino a quando la scarola sarà ben appassita e leggermente rosolata. Tenete il ripieno da parte.

Riprendete i panetti di pasta e stendeteli con un matterello in due dischi dello spessore di circa ½ cm.

Sistemate il primo disco in uno stampo circolare foderato con carta forno, facendolo aderire bene ai bordi. Riempite lo stampo con il ripieno che avrete fatto raffreddare, livellatelo e

copritelo con la seconda sfoglia. Bucherellate leggermente la superficie della pasta, spennellatela con un po' di olio extravergine e cuocetela in forno già caldo alla temperatura di 200 °C per circa 30-35 minuti. Gustate la pizza con la scarola calda oppure tiepida.

### IL CONSIGLIO DI PEPPE

La Vigilia di Natale a Napoli si mangia di magro, a cena si consuma pesce, ma a pranzo è d'obbligo questa meravigliosa torta salata che originariamente si realizzava con le biete, da cui il nome di pizza con la *jeta*. Quella avanzata dal pranzo si serve come antipasto a cena.

di Napoli
[redacted]
Grazie per esserci venuto a trovare!
Peppe Di Napoli
[redacted]

# SCAROLA IMBOTTITA

**La scarola *'mbuttunata*, come si dice a Napoli, è un piatto regionale campano che viene preparato soprattutto durante le feste di Natale, come la pizza con la scarola. Ha un sapore intenso per la presenza delle acciughe, dei capperi e del pecorino, che danno note di gusto decise a questa ricetta tradizionale.**

**INGREDIENTI PER 4 PERSONE**

Cespi di scarola 2 - Acciughe sott'olio 12 - Olive nere di Gaeta 20 - Capperi sotto sale 20 - Pinoli q.b. - Uva passa q.b. - Pecorino romano q.b. - Prezzemolo a cascata - Olio extravergine d'oliva q.b.

**COTTURA:** 25 minuti

**PROCEDIMENTO**

Lavate e tritate finemente il prezzemolo e tenetelo da parte. In una padella capiente scaldate 2 cucchiai d'olio, unite le acciughe e i capperi che avrete dissalato sotto l'acqua corrente. Aggiungete anche le olive nere, l'uvetta precedentemente ammollata e i pinoli.
Lasciate insaporire il tutto per pochi minuti, poi unite il prezzemolo tritato. Spegnete il fuoco e tenete da parte.
Lavate e asciugate accuratamente i cespi di scarola, allargate delicatamente le foglie e farciteli con il ripieno che avete preparato. Distribuite il composto in maniera uniforme aiutandovi con le mani per "imbottire" bene i due cespi di insalata.
Ora legate la scarola con dello spago da cucina in modo da racchiudere all'interno il ripieno. Usando la stessa padella nella quale avete preparato il ripieno, versate altri 2 cucchiai d'olio e cuocete le scarole imbottite con un coperchio per 10 minuti a fuoco moderato, facendo attenzione a non farle attaccare o bruciare.
Dopo questo tempo, girate le scarole e cospargetele con il pecorino grattugiato, coprite nuovamente e fate cuocere per altri 10 minuti.
Togliete il coperchio, alzate la fiamma e fate rosolare le scarole fino a quando vedrete formarsi una crosticina dorata in superficie.
Prelevatele e disponetele sul piatto di portata, intanto deglassate il fondo di cottura aggiungendo un po' d'acqua e facendo ridurre il liquido fino a ottenere una salsa densa. Eliminate lo spago dalle scarole, irroratele con un po' di salsa e un'ultima spolverata di pecorino e servitele calde o tiepide.

CASA
SANT'ORSOLA
Il Re
della festa

SONO LA TUA PRIMA FAN!!
#TeamDiNapoli
L'ISOLA DEI FAMOSI
MOËT & CHANDON
ICE IMPERIAL

# Appunti
di mare

Peppe di
GO

Napoli

Crediti fotografici

Le foto alle pagine 4, 8-9, 12, 14, 16, 20, 21, 22, 24, 25, 27, 30-31, 68-69, 100-101, 114-115, 119, 121, 123, 125, 127, 128-129, 131, 133, 135, 137, 138-139, 141, 143, 145, 146-147, 149, 151, 153, 155, 156-157, 159, 161, 163, 165, 167, 169, 171, 173, 174-175, 186-187, 188, 190-191 sono di Lorenzo De Simone.
Le foto alle pagine 34, 36, 38, 40, 42, 44, 46, 48, 50, 52, 54, 56, 58, 60, 62, 64, 66, 72, 74, 76, 78, 80, 82, 84, 86, 88, 90, 92, 94, 96, 98, 104. 106, 108, 110, 112 sono di Shutterstock.com.
Dove non diversamente specificato, si ringrazia l'autore per il materiale fotografico gentilmente fornito e proveniente dal suo archivio personale.

Finito di stampare nel mese di settembre 2024
per conto di RCS MediaGroup S.p.A.,
da ERRESTAMPA
via Portico 27, 24050 Orio al Serio (BG)
Printed in Italy